本书得到国家自然科学基金项目（71463033）、云南省教育厅科学研究基金（KKJD201408024）、昆明理工大学人才培养基金（KKSY201308034）和昆明理工大学次区域产业发展与区域合作学科方向团队建设项目资助

中国区域
资源诅咒问题研究

谢 波 著

中国社会科学出版社

图书在版编目（CIP）数据

中国区域资源诅咒问题研究/谢波著 . —北京：中国社会科学
出版社，2015.5
ISBN 978 – 7 – 5161 – 6126 – 5

Ⅰ.①中…　Ⅱ.①谢…　Ⅲ.①区域资源—资源开发—研究—
中国　Ⅳ.①F124.5

中国版本图书馆 CIP 数据核字（2015）第 102657 号

出 版 人	赵剑英	
责任编辑	卢小生	
特约编辑	李舒亚	
责任校对	周晓东	
责任印制	王　超	
出　　版	中国社会科学出版社	
社　　址	北京鼓楼西大街甲 158 号	
邮　　编	100720	
网　　址	http：//www. csspw. cn	
发 行 部	010 – 84083685	
门 市 部	010 – 84029450	
经　　销	新华书店及其他书店	
印　　刷	北京市大兴区新魏印刷厂	
装　　订	廊坊市广阳区广增装订厂	
版　　次	2015 年 5 月第 1 版	
印　　次	2015 年 5 月第 1 次印刷	
开　　本	710 × 1000　1/16	
印　　张	12.25	
插　　页	2	
字　　数	209 千字	
定　　价	46.00 元	

序　言

　　经济增长和发展问题引起人们广泛关注以来，经济学家一直致力于探究与经济增长有关的诸种因素和条件，即增长的源泉问题。自然资源或自然禀赋、物质资本、技术进步、制度体制乃至信念和价值观，相继被揭示出来并置于突出的地位。其中，自然资源作为物质生产活动的必要投入品，成为经济赖以发展的重要物质基础，资源相对丰裕的国家通常蕴含了更大的发展潜力。近代以来的经济发展史表明，自然资源的确对于一国国民财富的初始积累起到非常关键的作用，如美国、澳大利亚、加拿大和斯堪的纳维亚地区的快速工业化与其丰裕的自然资源密不可分。但是，20世纪80年代以来，越来越多资源丰裕的国家陷入了增长陷阱的事实引起了经济学家的深思。经验数据显示，从一个较长的时间范围来看，资源丰裕国家经济增长的速度是缓慢的，甚至是停滞的。1965—1998年全世界低、中收入国家人均 GNP 以年均 2.2% 的速度递增，而 OPEC（石油输出国组织）国家同期却下降了 1.3%。在全球 65 个资源相对丰裕的国家中，只有四个国家（印度尼西亚、马来西亚、泰国、博茨瓦纳）人均 GNP 年增速达到 4%（1970—1998年），而一些东亚资源稀缺的经济体（中国香港、新加坡、韩国和中国台湾）经济增长却超过了发达国家的平均水平（世界银行，2000）。后者情形被经济学家一致称为是自然资源的丰富反而拖累发展的资源诅咒经济现象，以此警示经济和发展对某种相对丰富的资源过分依赖的危险性。

　　对于中国的经济发展整体阶段和目前不同地区经济处于关键的转型时期，我们也能发现非常相似的情况。比如资源丰裕的西部地区经济增长相对于资源匮乏的东部地区没有表现出任何优势，西部和东部在人均实际GDP、人均消费水平等方面存在明显的差异，而且差异扩大的趋势非常明显；资源枯竭城市数目不断增加，在开发建设初期只考虑资源的开采，忽略了城市发展的条件和因素，导致了诸多问题，这也是资源诅咒内在作用机制运行的必然结果。就当下而言，仍有地区在重要的发展规划纲要计划中将资源产业作为支柱产业，这种产业布局具有明显的资源开发倾向性。诸多的经济活动表现出我国可能存在全局的或局部的资源诅咒现象。

由于客观世界的复杂性、广泛存在的不确定性以及人类认识上的局限性，使该论题仍有许多难点问题在理论上和实际应用上未能很好解决。人类发现问题、认识问题再到解决问题是一个变化和发展的过程。人们常说的"资源诅咒问题已经发展到了成熟阶段"并非意味着"资源诅咒问题十分完备、不需再发展"。实际上，它像其他发展中的学科一样，一直在不断发展之中，特别是随着现代科学技术的发展，以前没有发现的问题，现在发现了；以前没有解决的问题，现在在逐步解决，使得该命题解释角度不断拓展，逐步深入，不断壮大。近年来，尽管相关研究在理论和应用上都有了很大的发展，也增添了许多新的内容，然而，缺乏一本及时反映现代较新理论、较新技术应用等发展该领域的专著，本书尝试性地在该方面做出努力。

本书试图在总结过去研究工作的基础上阐述资源诅咒相关的基础理论、技术方法及应用实践，期望为资源经济学、区域经济学等研究提供有益的补充。全书共九章。第一章绪论，是全书的铺垫，介绍研究的问题、内容、意义和方法等；第二章介绍该研究的理论基础和最新研究综述；第三章介绍中国区域资源诅咒的内在机制理论方面的分析；第四章介绍中国区域资源诅咒的制度解释，侧重于我国双轨制体制角度；第五章介绍中国区域资源诅咒的内生经济增长解释，侧重于人力资本异质性和增强型人力资本投入两个方面；第六章介绍中国区域资源诅咒的新经济地理解释，侧重于技术创新方面；第七章介绍中国区域资源诅咒的产业经济学解释，侧重于西部旅游产业的"荷兰病"效应；第八章介绍中国区域资源诅咒问题相应的破解政策及建议；第九章为结论及研究展望。

本书的研究工作得到国家自然科学基金项目（71463033）、云南省教育厅科学研究基金（KKJD201408024）、昆明理工大学人才培养基金（KKSY201308034）和昆明理工大学次区域产业发展与区域合作学科方向团队建设项目、昆明理工大学博士后科学基金资助经费的支持，特此向支持和关心我研究工作的所有单位和个人表示衷心的感谢。感谢教育我多年的师长，感谢我的学长和同仁们的帮助和支持；感谢出版社同仁为本书出版付出的辛苦劳动。书中有部分内容参考了有关单位或个人的研究成果，在此一并致谢。由于书中追求的目标是介绍较新的理论与方法，给编撰本书增添了难度。再加上作者水平所限，虽几经改稿，书中的错误和缺点在所难免，欢迎广大读者不吝赐教。

谢　波

2014 年 6 月 4 日

目　　录

第一章　绪论……………………………………………………………… 1

第一节　研究的背景与问题…………………………………………… 1
一　研究背景……………………………………………………… 1
二　研究问题……………………………………………………… 7
第二节　研究的内容与意义…………………………………………… 8
一　研究内容……………………………………………………… 8
二　研究意义……………………………………………………… 9
第三节　研究的思路与方法…………………………………………… 11
一　基本思路……………………………………………………… 11
二　研究方法……………………………………………………… 13
第四节　本书的创新之处……………………………………………… 13

第二章　资源诅咒相关理论综述………………………………………… 15

第一节　资源诅咒假说理论的提出…………………………………… 15
一　自然资源在经济增长中的地位和作用…………………… 15
二　自然资源观在经济增长理论中的历史演进……………… 18
三　资源诅咒假说理论的提出与发展………………………… 21
第二节　资源诅咒假说的国家间解释理论…………………………… 25
一　中心—外围论………………………………………………… 25
二　贸易条件恶化论……………………………………………… 28
三　价格波动论…………………………………………………… 29
第三节　资源诅咒假说的国家内解释理论…………………………… 30
一　"荷兰病"效应……………………………………………… 30
二　制度质量……………………………………………………… 32

三 人力资本 …………………………………………………… 34

四 技术创新 …………………………………………………… 36

五 锁定效应 …………………………………………………… 36

六 政治环境 …………………………………………………… 38

第四节 如何破解资源诅咒 ……………………………………… 39

一 建立完善的产权制度 …………………………………… 39

二 发展多元化、分散式的经济模式 …………………… 39

三 改革政治体制，建立民主、责任型政府 ……………… 40

第五节 本章小结 …………………………………………………… 40

第三章 中国区域资源诅咒的内在机制理论分析及现状观察 ……… 42

第一节 中国区域资源诅咒的市场经济内在机制分析 ……… 43

一 基本假设 ………………………………………………… 43

二 理论分析 ………………………………………………… 44

第二节 中国区域资源诅咒的计划政策内在机制分析 ……… 47

一 基本假设 ………………………………………………… 48

二 理论推演 ………………………………………………… 49

第三节 中国区域资源诅咒参与者得利博弈机制分析 ……… 52

一 基本假设 ………………………………………………… 52

二 理论推导 ………………………………………………… 54

第四节 中国区域资源诅咒主要问题的现状观察及部分案例 …… 57

一 现状观察 ………………………………………………… 57

二 案例分析 ………………………………………………… 63

第五节 本章小结 …………………………………………………… 73

第四章 中国区域资源诅咒的制度解释
　　　　——基于双轨制体制 ………………………………… 75

第一节 体制双轨制相关文献综述 ……………………………… 75

第二节 初步观察与研究假设的提出 …………………………… 77

一 初步统计分析 ………………………………………… 77

二 研究假设 ………………………………………………… 80

第三节 模型的设置及数据说明 ………………………………… 81

一　实证模型 ……………………………………………… 81

二　变量计算及数据说明 ………………………………… 81

第四节　计量分析 …………………………………………… 82

一　中国资源诅咒影响因素的面板实证分析 …………… 82

二　中国资源诅咒现象影响因素的面板误差修正模型

分析 ………………………………………………… 85

第五节　本章小结 …………………………………………… 91

第五章　中国区域资源诅咒的内生增长解释

——基于人力资本的异质与投入 ………………… 92

第一节　基于人力资本异质的视角 ………………………… 92

一　人力资本异质相关文献综述 ………………………… 92

二　模型的设置及数据说明 ……………………………… 93

三　计量实证与分析 ……………………………………… 98

第二节　基于增强型人力资本投入的视角 ………………… 106

一　人力资本投入的相关文献综述 ……………………… 106

二　数据说明及初步统计观察 …………………………… 107

三　计量实证与分析 ……………………………………… 109

第三节　本章小结 …………………………………………… 112

第六章　中国区域资源诅咒的新经济地理理论解释

——基于技术创新 ………………………………… 115

第一节　技术创新相关文献综述 …………………………… 115

第二节　初步观察及数据说明 ……………………………… 116

一　初步统计观察 ………………………………………… 116

二　数据说明 ……………………………………………… 118

第三节　计量分析 …………………………………………… 119

一　资源产业集聚与技术创新对经济增长的动态模型

检验 ………………………………………………… 119

二　资源产业对技术创新影响的空间面板模型检验 …… 124

第四节　本章小结 …………………………………………… 129

第七章 中国区域资源诅咒的产业经济学理论解释

　　──基于西部旅游产业的发展 …………………………………… 131

　第一节 西部旅游产业相关文献综述 …………………………… 132

　第二节 初步统计观察 …………………………………………… 133

　第三节 实证模型设定与数据说明 ……………………………… 135

　第四节 计量分析 ………………………………………………… 136

　　一 旅游业发展、制造业集聚与经济增长 ………………… 137

　　二 旅游业发展与制造业 …………………………………… 138

　第五节 本章小结 ………………………………………………… 141

第八章 中国资源型地区经济可持续发展的对策与建议 ………… 143

　第一节 对资源产权改革与资源补偿制度的建议 ……………… 143

　　一 可借鉴的国外资源产权改革及补偿模式 ……………… 143

　　二 我国资源产权收益的多主体分配对策 ………………… 147

　　三 我国资源产权改革与补偿制度的政策建议 …………… 149

　第二节 资源价格改革建议 ……………………………………… 152

　　一 坚持资源价格改革的市场化方向 ……………………… 152

　　二 打破市场垄断，培育资源市场竞争格局 ……………… 153

　　三 逐步完善资源品价格形成机制 ………………………… 153

　第三节 资源型地区人力资本培养与积累 ……………………… 154

　　一 建立与完善人力资本产权市场制度 …………………… 154

　　二 加快教育投资，培育与积累人力资本 ………………… 154

　第四节 资源型地区产业结构升级与转型 ……………………… 154

　　一 推进企业产权制度改革 ………………………………… 154

　　二 促进资源型地区产业结构升级 ………………………… 155

　　三 充分发挥西部地区的资源禀赋优势，运用新技术

　　　　延伸资源型产业链 …………………………………… 155

　第五节 资源型地区技术创新体系的建立 ……………………… 155

　　一 建立技术创新体系基本思路 …………………………… 156

　　二 促进科研成果本地转化 ………………………………… 156

　　三 建立健全技术创新中介服务平台 ……………………… 156

第六节　本章小结 ……………………………………… 157

第九章　结论与研究展望 ………………………………… 158

第一节　主要结论 ………………………………………… 158

第二节　不足之处与研究展望 …………………………… 160

附录　中国28个省（市、区）能源生产总量和能源消费总量 ……… 162

参考文献 …………………………………………………… 172

后记 ………………………………………………………… 185

第一章　绪论

　　一个国家或地区的自然资源丰裕程度能决定其是贫穷还是富裕吗？传统的发展经济学家罗斯托（Lostow，1962）认为，一个国家或地区拥有财富的多少，在很大程度上取决于其对自然资源的占有。自然资源越多，其财富也就越多，丰裕的自然资源将会有力地促进一国或地区的经济发展，尤其是对资本形成不足的发展中国家。但是，事实远没有那么简单。自20世纪60年代以来，资源诅咒开始被讨论，也就是说自然资源丰裕的国家或地区的经济表现，就长期而言反而不如自然资源贫乏的国家或地区，比如"荷兰病"现象，刚果的"黄金诅咒"，尼日利亚、委内瑞拉、墨西哥的"石油诅咒"，智利早期的"铜矿诅咒"，等等。即使在日新月异的今天，我们也会发现大多数自然资源丰裕的国家或地区，其经济表现远不如那些自然资源贫乏的国家。"祝福与诅咒同出一辙"，资源诅咒是一种普遍现象吗？对我国而言，自然资源丰富，可是分布极其不均匀，表现为中部、西部地区资源分布相对富集，而东部沿海大部分地区资源匮乏，资源供给长期不足，尤其是在能源资源方面。但是，我国的资源相对富集地区的经济发展表现却远不如资源匮乏的地区，西部地区明显的资源优势并没有成为西部地区经济发展的动力。那么，在中国的国内是否存在资源诅咒问题？如果资源诅咒假设成立，中国西部存在的资源诅咒与一般资源富集国家和地区的有什么不同？导致西部地区贫困落后的中国因素是什么？又如何摆脱"资源诅咒陷阱"？

第一节　研究的背景与问题

一　研究背景

（一）国际现实背景

20世纪60年代，荷兰北海地区发现了大量天然气，到了70年代，国际石油市场发生了两次石油冲击，导致油价上升，给荷兰带来了意外的收入，随着天然气的大量开采和出口，荷兰的出口急剧增加，国际收支出现了顺差，出现了比以往更加繁荣的经济景象。荷兰本来是以制造业制成品出口为主的国家之一，因为天然气的产量增加，高素质的劳动力和资本被吸走，出口高额利润使货币升值，从而削弱了制造业制成品和农业产品在世界市场上的竞争力。繁荣结束后，就遭受到了经济增长崩溃、出口下降、通货膨胀上升、失业率增加和收入增长率降低等问题的困扰。人们通常把这种综合病症称为"荷兰病"，是资源诅咒（Auty，1993）现象的一种。

这种资源诅咒现象并不仅仅在荷兰出现过。20 世纪 60—80 年代初期，尼日利亚得到的"石油意外收入"占国内生产总值的 23%，这些收入全部成为政府的支出，公共投资增加，公务员工资涨了 1 倍，国内通货膨胀加剧，实际汇率上升。到 1984 年，尼日利亚非石油出口下降了近90%，呈现了典型的"荷兰病"症状。还有沙特阿拉伯、委内瑞拉、墨西哥、伊朗等不少国家都分享到了石油价格暴涨带来的横财，之后都出现了类似的经济症状。因此，有人认为，如果不出现油价暴涨，这些国家的经济情况可能会好一些。当然，也有一些国家成功摆脱了资源诅咒的陷阱，比如智利、挪威、冰岛等，但是，到目前为止，仍是凤毛麟角。

自 21 世纪以来，中东和北非的多个国家如阿富汗、突尼斯、利比亚等国，经历了或正在经历严重的骚乱和政治动荡。这些国家无一例外地都有异常丰富的石油等资源，政权的维护或变更以资源的争夺为中心。领导人依靠石油的巨额外汇建立更大的社会保障制度，维持旧的政治体制，一旦面对国内民众的民主诉求，这些国家政治体制的脆弱和不稳定就马上显现，甚至带来暴乱或战争。这种极端的社会状况对国家或地区的长治久安是毁灭性的。也就是说，丰裕的自然资源也可以用来维持一个落后的制度。因此，我们可以认为，丰裕的自然资源不一定能够必然带来真正的经济繁荣和社会的安定。

（二）中国现实背景

改革开放以来，中国经济保持了高速增长，1978—2009 年 30 多年间平均经济增长速度达到 9% 以上，创造了世界经济史上的增长奇迹。但是在中国经济高速增长的同时，居民收入差距、城乡收入差距和区域收入差距也在持续扩大。虽然，西部地区经济发展滞后于东部地区，但西部地区

幅员辽阔，石油、天然气、煤炭、矿产、水资源特别丰富，西部地区逐渐
成为中国的资源生产中心。

在已探明未开发储量、未探明潜在资源储量方面，西部地区具有数量
和质量的绝对优势。从已探明的情况来看，西部地区矿产能源非常丰富，
全部矿产保有储量的潜在总价值达61.9万亿元，占全国总额的66.1%。
西部地区矿床类型多而齐全，在世界上占有重要地位，在目前世界已发现
156种矿产中，该区已经找到138种；在45种主要矿产资源中，西部地
区有24种。如滇、黔、桂有世界第1、第2位的钨、锡、锑、锌、汞、
铅等矿，内蒙古白云鄂博的稀土矿，仅探明的储量就相当于世界各国储量
总和的5倍。该区的矿产地域组合较合理，有利于综合开发和降低成本。
西部地区的天然气和煤炭储量，占全国的比重分别高达87.6%和39.4%。
在能源矿产方面，该区煤炭资源分布广，煤层厚、储量大、质量好。在已
探明的矿产储量中，煤、陆地石油和天然气分别占全国总量的60%、
30%和25%。陕、甘、宁地区已经成为中国陆上最大的整装气田和世界
级大型气田，是西气东输的主要基地。图1－1是东部、中部、西部地区
的主要矿产资源分布。①

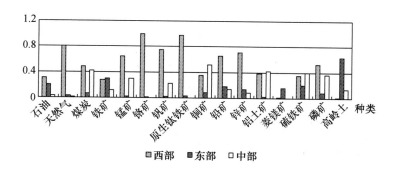

图1－1　东部、中部、西部地区的主要矿产资源分布
资料来源：历年《中国统计年鉴》。

但是，丰裕的资源及其繁荣并没有为我国资源丰裕地区带来经济和社
会的全面快速发展，西部地区明显的资源优势并没有成为西部地区经济发

① 东部、中部、西部省份范围见表4－1所列。

展的动力。具体表现如下:

第一,资源丰裕的西部地区经济增长相对于资源贫乏的东部地区没有表现出任何优势,西部和东部在人均实际 GDP 上存在明显的绝对差异,而且差异扩大的趋势非常明显(见图1-2)。

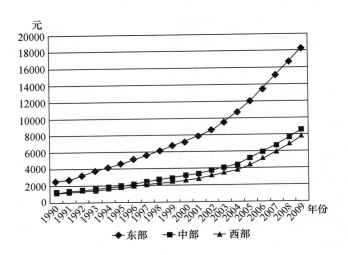

图1-2 东部、中部、西部人均实际 GDP 变化趋势

资料来源:历年《中国统计年鉴》、中经网。

从图1-2可知,从1990年至今,我国东部和西部人均实际 GDP 差距较大,中西部差距较小,东部和西部虽然近年来相对差距在缩小,但是绝对差距仍然有扩大的趋势。1992年东部人均实际 GDP 约为西部的两倍,到2004年,东西部地区人均实际 GDP 差距进一步扩大到2.68倍左右。进入21世纪后在西部大开发等区域协调发展的扶持性政策作用下,东西部人均 GDP 开始呈现缩小的趋势。但即便如此,2009年东部人均实际 GDP 依然是西部地区的2.3倍左右。

第二,资源丰裕的西部地区人均居民消费水平也远低于东部水平(见图1-3)。人均居民消费水平体现了一个地区整个经济活动成果的最终体现,表示一定时期内居民平均每人占有和享受的物质生活资料和服务的数量,也反映居民物质和文化生活需要的满足程度。图1-3显示1992—2008年我国东部、中部、西部的人均居民消费水平变化。

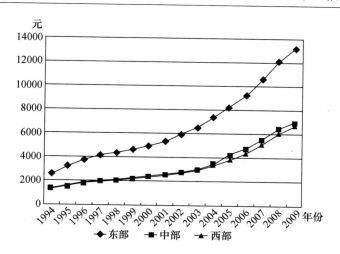

图 1 – 3　东部、中部、西部地区人均消费水平差距

资料来源：历年《中国统计年鉴》、中经网。

图 1 – 3 显示，我国东部地区和西部地区的人均居民消费水平在不断地扩大，2009 年，东部地区人均居民消费约为 13153 元，西部地区约为 6726 元，仅为东部地区的 1/2，而且差距仍然在不断扩大。

第三，中国面临着资源枯竭型城市的发展问题。截至 2011 年 11 月，国家已分三批界定了全国 69 座资源枯竭城市。经过短短几十年的发展，中国资源型城市逐渐受到资源枯竭的威胁，在开发建设各资源城市时只考虑资源的开采，而忽略了城市发展的条件和因素，导致了诸多问题，这是资源诅咒内在作用机制运行的必然结果。主要表现在以下几个方面：生态环境恶化，耕地退化、盐碱化和沙化，水资源需求告急等问题；资源型产业既是主导产业，又是支柱产业，城市对资源产业的依赖性很大，造成城市的发展受到限制，城市功能不全，第三产业以及可替代产业发展落后；矿业城市在管理体制和利益机制上矛盾突出。矿业企业创造的利税，地方城市留成很低，容易造成企业办社会、政府办企业的本末倒置、功能错位状况等。因此，中国的资源型城市经济转型是必要的。但是，在西部地区很多省、市、县级地方政府至今仍然大力支持自然资源采掘及其相关产业发展，将其作为本地区的支柱产业或先导产业。从西部各省《国民经济和社会发展第十二个五年规划纲要》中可以发现，四川、云南、贵州、陕西、内蒙古、青海、宁夏、新疆都将资源产业作为支柱产业，这种产业布局具有明显的资源开发倾向性。我国资源丰裕的西部地区将会更大规模开发各种自然资源。

（三）研究背景

关于自然资源诅咒的命题研究已经讨论了半个多世纪，并将继续存在，类似于多数经济学命题，同样也经历了从实际经济现象出发，然后到非规范性研究和规范研究的过程。其中，对是否存在资源诅咒的观点分歧也频繁出现。

最早对自然资源禀赋与经济增长悖论的研究可以追溯到20世纪50年代。普雷比斯奇、辛格等（Prebisch，Singer et al.）首先从国家和地区之间的国际贸易活动角度解释自然资源出口国家贫困化增长的原因（Prebisch，1950，1964；Singer，1950），即贸易条件恶化论。其后，赫希曼、西尔斯和鲍尔德曼（Hirschman，Seers and Baldwin）从产业关联的角度分析欠发达国家经济增长的原因，涉及自然资源、资本形成与经济增长之间的联系（Hirschman，1958；Seers，1964；Baldwin，1966）。但这些研究比较零散，没有统一的命题。20世纪70年代前后，大多数自然资源丰裕的国家经济都停滞了。这一20世纪中、晚期的经济现象激发了很多经济学家开始考察这个问题的兴趣。奥蒂（Auty）较早地关注了这一现象，于1993年在研究产矿国经济发展问题时第一次提出了资源诅咒（resource curse）这个概念，并于2001年对自然资源做了一项重要的分类，他把自然资源分为点资源和散资源，前者是指那些矿产资源，例如煤、石油、天然气等，后者主要是农产品（Auty，1990，2001）。该时期集中在跨国的案例研究，多为非规范的经济学研究。

从20世纪90年代中期至今，这些研究得益于20世纪80年代后期内生经济增长模型的兴起（Romer，1986，1990），其典型的特征是研究方法的逐步趋向于正规化，建立正式的模型，利用计量经济学或博弈论，证明资源诅咒的存在。除了大多数的研究集中在跨国层面上，也有学者对一国范围内的自然资源与经济增长之间的关系进行研究。Matsuyama（1992）建立标准的经济模型对资源诅咒问题进行研究；萨克斯等（Sachs et al.，1995）在Matsuyama的标准模型上提出了动态的"荷兰病"的内生增长模型。这些学者的研究为这一命题的佐证提供了理论基础，他们以及后来学者的研究集中于寻找这一命题的合理解释机制以获取克服这一现象的正确做法。之后，许多学者（Leite and Weidmann，1999；Gylfason，

2000，2001；Papyrakis and Gerlagh，2004；Papyrakis and Gerlagh，2004；Cooke et al.，2006）；徐康宁和邵军（2006）也得出与其广泛一致的结论。自萨克斯和沃纳（Sachs and Warner，1995）之后，资源丰裕与经济增长负相关成为最稳定的经济学结论之一。归结众多学者的研究，用于解释自然资源诅咒的主要传导机制有"荷兰病"的存在、贸易条件论、产权、寻租、腐败、内战、人力资本和技术创新投入不足等。但是，资源诅咒这一命题是否成立仍然存在分歧。传统经济学认为资源禀赋良好的国家具有比较优势，其经济增长将好于资源贫乏国家。近期的一些文章（Alexeev and Conrad，2005；Stijns，2005；Brunnschweiler，2007）又提出了不同意见。大量案例研究也发现了新事实，并不是所有资源丰裕国家都遭遇了发展失败，比如，印度尼西亚、尼日利亚30年前都依赖石油，但是如今印度尼西亚的人均GDP是尼日利亚的4倍。

自然资源诅咒现象主要产生可能是多种因素，也有可能是单个核心因素，传导机制不确定也导致了其政策含义不明确。"荷兰病"、挤出教育投入、制度安排、挤出技术创新、寻租、产权不清、腐败等分别被不同学者认为是资源诅咒的根本原因，只有认清其主要路径才能改善其不利影响。但是，几乎没有文献研究可以在证明自己的同时排除其他假设，选择不同研究对象、数据类型、变量指标和增长模型就会出现较明显的差异。本书基于我国自然资源丰裕地区发展的需要和自然资源诅咒理论、实证研究结论的不确定性，选择自然资源开发或资源产业两个方面与经济增长的关系作为切入点，从理论和实证中探讨其作用和主要路径，进而提出加快资源丰裕地区发展的对策建议。

二 研究问题

如前所述，在中国资源相对丰裕的地区是否存在资源诅咒问题？如果我国的资源诅咒假设成立，那么中国西部存有的资源诅咒与一般资源富集国家和地区存在的资源诅咒有什么不同？导致西部地区贫困落后的中国因素是什么？又如何摆脱资源诅咒的陷阱？国内已有大量的文献从地理环境、历史因素、战略选择、先后发展、市场化与开放度等角度加以诠释，本书的研究则尝试以体制双轨制的视角等对西部落后（资源诅咒）的原因作出解释。

本书研究我国自然资源丰裕程度对区域经济增长产生影响的相关主要命题：

第一，从理论模型上，考虑我国自计划经济向市场经济改革历程的实际情况，我国是否存在资源诅咒问题发生的可能性。

第二，实证分析我国转型时期特有的双轨制体制（包括价格双轨制和制度双轨制）在自然资源开发对经济增长影响过程中的作用机制，以及其影响的内在机理。

第三，基于内生经济增长理论，分析我国异质人力资本分布和增强型人力资本投入与自然资源开发共同对区域经济增长如何产生作用，以及自然资源开发对人力资本分布差异的影响。

第四，正视我国部分资源丰裕省区的资源型产业明显集聚，发展更加依赖资源产业，而技术创新能力提升却缓慢的事实，进一步分析这种既有经济结构空间变迁与技术进步及创新之间的影响，寻求转变资源开发拉动经济增长的发展模式，促进产业升级与转型。

第五，根据以上分析，提出相应的破解我国资源诅咒问题的对策和建议。

第二节　研究的内容与意义

一　研究内容

本书研究的主要内容为以下几个方面：

第一，梳理国内外自然资源诅咒相关的文献研究。对国际、国内关于资源诅咒的研究文献进行梳理，明确其理论的历史历程演化、基本观点走向，阐明其概念、特点及其表现形式。

第二，从理论模型上，结合我国改革开放以来，自计划经济向社会主义市场经济建立与完善的历程，得出的基本理论命题有，资源部门的繁荣通过劳动力和资本要素"挤出"制造业部门的关键生产要素，也不利于该地服务业的顺利发展，造成资源地逆工业化发展，抑制本地经济的长期增长。并且，地区的资源开发或资源产业繁荣影响资源要素跨地区的流动，由于吸引的是简单技能的劳动力和资金资本，排斥高层次人力资本、技术进步与创新等可持续发展所需的要件，使得资源地的福利下降，拉大了其他地区的经济发展差距。

第三，从体制双轨制角度，实证分析我国的资源诅咒问题。即我国转型时期特有的双轨制体制，包括产权双轨制和价格双轨制来考察我国省区的资源诅咒现象，将经济增长、资源丰裕地开发与体制双轨制三者纳入同一个模型，探讨它们之间的内在联系。考虑到我国特殊的国情，在渐进式的市场经济改革的历程中，双轨制还将持续较长时期，所以，不能抛开双轨制体制这个因素，去研究一般经济层面上的资源诅咒问题。

第四，从人力资本异质及投入角度，基于内生经济增长模型的基础上，分析我国的资源诅咒问题。人力资本和自然资源无疑都是一国或一个地区经济发展的重要影响因素，Galor 和 Moav（2004）提出，人力资本积累代替实物资本积累正在成为经济增长的主引擎。而我国正处于经济发展转型的特殊时期，地区不同类型的人力资本分布差异较大，对本地区经济增长是否存在相同的影响；资源富集地大规模的开发是否促进了本地区的经济快速发展；主要的能源产出地区大量地开发自然能源资源是否"挤出"了本地区较高层次的知识人才。

第五，从技术创新角度，分析我国资源诅咒现象中资源产业集聚与区域经济增长的内在机制。对我国而言，在早期，国家为了加快内陆地区脱贫解困和缓解东部地区高速增长中能源和矿产资源的约束，对中西部地区实行了资源开发项目的政策倾斜。经过多年的发展，自然资源较富集地区的产业结构已经或正在明显地向资源产业集中，并且该地区的经济发展更加依赖资源产业。这种通过资源开发拉动经济增长的发展模式已对当地长远发展带来深刻影响。

第六，破解资源诅咒，根据相应的分析，提出经济可持续发展的政策建议。建立和完善资源型地区的资源补偿制度；促进资源地区产业结构升级与转型；培养与积累资源型地区的人力资本；创建资源型地区区域技术创新体系；等等。

二　研究意义

（一）理论意义

对资源诅咒相关问题的研究不仅在区域经济学、资源经济学、发展经济学、产业经济学的理论领域具有一定程度上的拓展，而且能够推动资源诅咒假说研究深入发展。

第一，自然资源开发与经济增长关系之间的研究有利于丰富区域经济学理论和发展经济学理论。多数经典的经济增长理论中，自然资源因素对经济增长的作用没有得到足够重视。人们习惯于把资本、劳动力、技术进步等作为经济增长的决定性作用因素，而忽视了自然资源对经济增长的作用研究。本书认为自然资源开发或资源产业是区域经济增长的固有因素，在区域经济发展不同阶段对经济增长问题作以新的阐释。这在一定程度上扩充了经济增长理论的研究内容。

第二，基于双轨制体制考察我国资源诅咒的问题，拓展了资源诅咒关于制度领域的解释，细化了此类问题的个体特性，增加了自然资源对制度需求和制度供给方面的机制影响的研究；基于人力资本分布差异对资源诅咒的影响，丰富了人力资本理论在衡量人力资本在经济发展过程中考察的维度；对于资源产业中技术创新能力对资源诅咒问题的影响研究，为资源型地区遭遇的资源诅咒效应提供了另一种解释机理，丰富了资源诅咒问题的内容。

第三，本书对资源诅咒多角度分析有助于解释我国范围内的该命题相关问题以及破解资源诅咒问题的理论路径。对国内省区范围的限定，统一了数据口径，外部环境几乎完全同质，研究模型中的解释变量或被解释变量可以较好地识别资源开发、经济增长、人力资本等影响。本书使用我国国内数据能够为资源与经济增长的关系及其作用机制的研究提供更加准确的估计和解释。有助于更好地提出针对性的对策建议，能够为资源导向性的发展中国家经济战略的制定，以及我国资源型城市制定资源开采和长期经济发展规划起到一定的理论指导和借鉴意义。

（二）现实意义

本书对我国资源诅咒问题的研究，主要是对于我国的地区经济发展差距的缓解、资源型城市或地区的可持续发展、西部地区的民族团结、资源丰裕地区制度的改革、人力资本的培育与积累、合理产业结构的构建等具有一定的现实意义。

第一，我国地区经济发展差距与民族团结。改革开放 30 多年来，伴随着经济的高速增长，经济发展不平衡、不协调的问题也随之产生，主要表现为区域经济发展差距扩大，发展不协调的矛盾日渐突出，特别是东部沿海地区与西部地区的经济发展差距越来越大。物质基础决定了上层建筑，经济发展的差距也会影响到少数民族集聚区较多的西部地区，而其关系状况对西北地区经济社会发展有着重大的影响。其中关键原因之一就是西部的资源禀赋对经济的影响，本书的研究能让我们更加深刻理解这种差距扩大的内因，为破解资源诅咒问题提出了参考借鉴意义。

第二，资源型地区的可持续发展。作为一个发展中国家，我国对资源型城市可持续发展问题的研究不够透彻，更缺乏既有利于资源开发又能够减少生态环境遭到破坏的法律和制度保障。资源枯竭型城市是资源诅咒内在机制运行的必然结果，通过对资源诅咒的研究，可以把握好城市的转型时机，在资源型城市发展成熟阶段主动转型，可以比较平稳地、以较小代价实现可持续发展，而不是仅仅依靠中央和地方政府财政转移。

第三，自然资源丰裕地区的合理开采与产业布局。资源较丰裕地区是伴随资源开发而兴起，并以资源开采为主导产业，如今面临的问题源于产业结构和产品结构单一，产业结构缺乏弹性，产品过分依赖资源开采，资源型城市传统产品不能适应当前市场的变化以及计划经济体制下的价格"剪刀差"。本书通过分析资源产业的发展在资源诅咒现象中的作用机理，有利于政府处理好增长与转型、短期发展与长期发展、增大对人力资本和技术创新的投入等提供理论支持。

第三节　研究的思路与方法

一　基本思路

基于以上国内外文献研究的概述，本书的基本思路如下：

第一，梳理资源诅咒的理论进展、资源诅咒的路径研究和实证研究结论，对论文中所涉及的其他文献进行综述。引入多个角度变量，初步观察我国经济增长与资源开发之间的关系，为以后的理论和实证分析奠定基础。

第二，给定假设，构建资源诅咒的三部门理论模型，从理论上分析资源丰裕对经济增长的作用。结合我国改革开放以来，自计划经济向社会主义市场经济建立与完善的历程，分析资源开发的繁荣如何影响生产要素在跨部门之间流动；是否排挤了其他部门的发展，如何影响生产要素跨区域流动；是否拉大了资源相对丰裕地区与资源贫乏地区之间的经济发展差距；是否造成了资源地福利下降等问题，来判别是否存在资源诅咒发生和存在的可能性。

第三，经验分析方面，以我国省际层面为基本的样本数据单位，从资源开发或资源产业出发，具体分为三个角度来分析我国自然资源诅咒的问题。一是考虑我国特殊的国情，在渐进式的市场经济改革的历程中，双轨制还将持续较长时期，所以，不能抛开双轨制体制这个因素，去研究一般经济层面上的资源诅咒问题。基于制度的解释，使用面板数据定量给出对资源诅咒问题的影响程度。二是从理论分析过程中，我们会发现劳动力不论在部门之间，还是在区域之间的流动，都是关键的生产要素之一，人力资本是劳动力价值的体现。所以，本书基于内生经济增长模型的解释——人力资本异质，使用分位数面板回归模型的方法检验资源丰裕对经济增长的影响，同时也使用了增强型人力资本投入指标做类似的验证。三是考虑我国中、西部的一些资源地的空间经济结构已经或正在明显地向资源型产业集中，并且该地区的经济发展更加依赖资源产业，而产业集聚是新经济地理学的主流研究理论之一，然后进一步观察资源地的技术进步与创新的发展，所以，本书就基于新经济地理学解释——技术创新角度，检验资源型产业的集聚对经济增长的影响程度。

第四，根据前述的资源诅咒不同角度验证的结论，为了缓解和破解资源诅咒的效应，本书从资源产权改革与资源补偿制度、资源价格改革、人力资本培养与积累、产业结构的升级与转型和技术创新体系五个方面提出可行的对策与建议。

按照以上研究思路，本书的研究框架如图 1 - 4 所示。

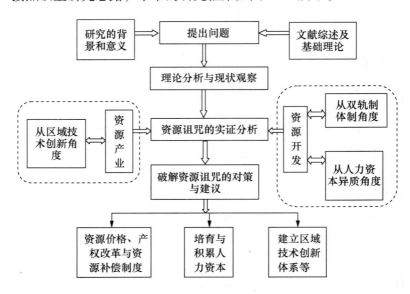

图 1 - 4　研究框架

二 研究方法

本书的研究注重理论与经验相结合，以定量的实证研究为主。充分借鉴现有的理论文献成果，涉及西方经济学、产业经济学、发展经济学、计量经济学、劳动经济学等学科的一些内容和研究成果，力图达到研究预期目标。具体包括以下方法：

（一）定性研究方法

定性研究是研究的基本方法，在介绍国内外相关研究状况时，本书采用文献综述的定性研究方法，在界定资源、资源诅咒等相关概念、阐明资源诅咒的机理时采用了定义、归纳、推理、演绎等定性研究方法。

（二）理论推演的方法

本书首先构建一个三部门经济系统基本模型，在一定的前提假设下，探讨资源要素跨部门的流动，以及自然资源诅咒产生的内在本质的过程，然后基于局部改革理论模型，结合新经济地理理论要素，分析改革前后由于资源的跨地区流动，造成资源地社会福利下降的过程，进行具体的相关分析。

（三）计量实证的研究方法

本书开展资源诅咒的资源开发或资源产业的实证研究，研究自然资源与经济增长的关系，确定资源诅咒现象在我国是否存在，存在的机理是什么。具体包括计量经济学中静动态面板数据回归、分位数回归和空间面板数据模型回归的分析方法等。整个研究过程中，多种方法有机结合，体现研究的科学性。

（四）其他常规研究方法

除了上面的研究方法，统计分析、比较分析、图形分析等方法在本书研究中均有一定程度的应用，以建立更为有力的实证支撑。

第四节 本书的创新之处

本书主要创新有：

第一，不同于以往的理论模型研究，本书构建了"三部门＋三生产要素"的理论模型，通过分析经济发展中的生产要素部门之间的流动方式，进行观察市场经济下资源诅咒出现的内在机制。生产要素的跨区域流动也会强化资源诅咒的经济现象，本书基于局部改革理论模型，解释经济改革对我国资源诅咒问题的影响，并辅以新经济地理理论要素给予补充说明。

第二，在研究视角上，从体制双轨制上重新诠释了制度方面对我国资源诅咒的影响，考虑到我国特殊的国情，在渐进式的市场经济改革的历程中，双轨制还将持续较长时期，不能抛开双轨制体制这个因素，去研究一般经济层面上的资源诅咒问题。这与传统的从地理环境、历史因素、战略选择、先后发展等角度寻求地区发展差异的观点具有显著区别。

第三，人力资本是内生经济增长模型的关键因素，考虑我国地区间人力资本分布差异较大的实际情况，且人力资本不同类型对经济增长的贡献不同，本书在非条件均值的分位数回归模型基础上，根据区域经济增长的实际数据，来考察资源开发和人力资本对区域经济增长的影响。

第四，在对策研究方面，本书尝试提出资源产权改革与资源补偿制度的建立是同一过程，与资源价格改革建议等都是摆脱资源诅咒陷阱的关键，为探索有效利用资源、实现国土均衡发展的国家战略提供新的参考视角。

第二章 资源诅咒相关理论综述

本章将介绍三个方面的内容：首先，介绍资源诅咒假说的提出。其次，综述目前文献中已有的资源诅咒的解释理论，也就是资源诅咒的传导机制，包括早期的跨国解释和现代的一个国家或地区范围内的解释理论，其中，重点分析地区范围内的制度弱化、人力资本和技术创新在资源诅咒经济发展过程中的作用。最后，破解资源诅咒较为经典的方法。

第一节 资源诅咒假说理论的提出

一 自然资源在经济增长中的地位和作用

（一）自然资料在区域经济增长中的地位

不论哪种社会制度或哪个发展阶段，经济发展都以经济增长为首要物质基础和中心内容。经济增长是建立在自然资源的数量、质量及其丰度基础上的，没有自然资源就没有经济的存在，更谈不上经济发展。经济增长对自然资源的需求首先体现为对资源总量需求的增长。同时，也日益扩展对资源品种、质量或结构的需求。从历史发展及其趋势来看，经济增长对资源总量、质量、品种和结构的需求是按相同方向变化的。

1. 丰富的自然资源是区域经济增长的基础

（1）自然资源丰富的地区短期能够实现跨越式发展。相比资源贫瘠的地区，富饶的自然资源在促进区域经济快速发展方面作用明显，资源丰富地区经济发展基础好、财富积累相对较快。中部、东部地区由于石油资源丰富而快速发展富甲一方就是这方面的明显例证。

（2）比较容易形成和培育主导产业。由于资源优势明显，域内资金和外部资金投资领域相对集中，特色优势产业很容易被确定和进一步发展，主导产业对地方经济的带动辐射作用突出。

（3）资源的运输、交易成本低，发展相关后续工业的成本优势明显，如果能够控制甚至垄断一种或多种资源，以及相关产品的市场价格，对其他地区发展的影响将更加突出。

（4）容易形成相对固定的发展氛围。熟练技术工人与资源开采和初加工相关，同时长期以及相对固定的工作，容易形成具有一定特色的文化氛围，这对凝聚人心、推动地方发展非常有利。

2. 以资源为基础的资源型经济是拉动我国国民经济的主要动力

（1）资源型地区以"剪刀差"的形式向国家提供大量廉价资源性产品，确保了在低物价、低通货膨胀情况下国民经济的快速发展，有力支持了国民经济建设。

（2）推动了我国现代工业体系的建立。经过五十多年的发展，我国已经初步建立起现代化工业体系框架，我国工业现代化进程离不开资源型城市及地区的大力支持，并且相当一部分工业城市本身就是资源相对集中的城市或者以资源型城市为依托发展建立起来的。

（3）确立大国地位的基础和前提。新中国成立后，资源型城市的崛起和发展，不但大大节省了我国进口原材料的大量外汇支出，增强了我国的经济实力，而且在改革开放之前，为我国摆脱西方国家经济封锁控制做出突出贡献。资源储备相对齐全特别是拥有相当数量的稀缺资源，对我国今后的快速发展，减少对国外资源的过度依赖也具有十分重要的意义。

（二）自然资源在区域经济增长中的作用

自然资源是社会经济增长的物质基础，在农业经济和工业经济时代，自然资源对区域经济的发展起着重要作用。在知识经济时代，知识和技术已成为区域经济增长的内在核心因素，但自然资源在区域经济增长中的地位和作用是其他要素所无法替代的，它仍是区域发展和产业分工的重要基础。因此，正确认识自然资源在知识经济时代对区域经济增长的作用，对较好地协调区域发展要素，合理配置区域资源，实行科学决策，促进区域经济的发展具有重要意义。自然资源对区域经济增长的重要作用主要体现在以下几个方面：

1. 自然资源影响经济增长的速度

自然资源的丰裕度包含数量和质量两方面的内容。丰富的优质的资源能保障经济持续、稳定的增长，从而也使得整个社会经济发展有一个稳定的基础；反之，资源短缺、开发利用难度大且质量差，经济的发展就会受到严重限制，整个社会经济系统也会受到较大的影响。资源的开发利用包括广度和深度两个方面。在开发与发展的初期，即人类社会进入工业化阶段之前的漫长历史时期中，农业经济始终占主导地位、狩猎、捕鱼、耕种和放牧等农业生产方式直接依赖于自然资源，特别是共用自然资源如水、土、光、热等，它们的地理分布特征直接决定着农业经济类型的区域差异，而其数量、质量和结构又制约着农业生产水平的提高。在工业发展的初期，以冶炼、烧制和纺织为主的手工业在促进农业经济发展的同时，又受制于矿产资源或通过棉、丝、毛等农副产品，而最终受制于自然资源的数量、质量、分布与特征。该时期的主导产业门类属自然资源密集型的产业门类，自然资源在该阶段作用强度是最大的。其经济增长速度严格受制于资源的丰裕度及结构等。在广度开发达到一定阶段后，边际成本逐渐增长，直到边际成本与边际效益相等时，广度开发便无潜力可挖，此时的经济发展将非常缓慢甚至停滞不前，随之，要求人们对自然资源进行深度开发。在工业化中后期，人们对地下资源的开发利用大大推进了经济发展的进程。在那些具有丰富矿产资源，且关键矿种占据重要地位的地区，最有利于实现产业结构的演进过程，产业结构的具体形成和发展重点直接受制于矿产资源开采规模及在全国的比重，资源就地利用率的高低以及进一步深加工的程度等，而对那些缺乏矿产资源的地区，其工业经济高度发展往往具备区位优势等优越条件。可见，这一时期的经济增长速度主要受制于资源的深度开发，同时也受制于诸如区位、社会经济、技术水平等其他因素的影响。

2. 自然资源影响经济发展格局

经济的发展格局包括经济体系中产业的构成及其相互关系，即产业结构以及生产力的时空布局。自然资源结构对产业结构的制约作用，在时间尺度上表现为对产业结构演进的制约作用，亦即对经济增长速度的影响；在空间尺度上，则表现为对产业结构的形成与分布的制约作用。

3. 自然资源影响劳动生产率和劳动的地域分工

良好的自然资源条件有利于劳动生产率的提高；反之亦然。马克思把这种由于较好的自然条件和自然资源而增加的生产力称为以自然为条件的劳动生产力。自然资源区域分布不均衡是客观存在的，正是这种自然资源分布的区域差异形成了劳动地域分工的自然基础。自然资源对区域劳动生产率的巨大影响必然导致对劳动地域分工的影响。随着市场经济的深入发展，区域间的经济联系日益密切，能否充分发挥区域优势组织商品生产，就成为决定区域发展成败的关键。那些自然条件优越，成本较低的区域生产的有关商品必然向相应的自然条件与自然资源不利、生产成本较高的区域流动，从而逐步形成一定规模的劳动地域分工。

4. 自然资源影响区域产业结构

影响区域产业结构的因素是多方面的，自然资源对其影响是非常重要的，其往往成为区域产业结构形成与发展的物质基础，特别是在区域开发的初期，自然资源是影响区域产业形成与产业结构的决定性因素。一方面，在自然资源，特别是工业自然资源富集、自然资源组合良好的区域，区域产业结构是以自然资源可开发利用为基础形成的，随着区域自然资源的不断开发和经济发展水平的不断提高，自然资源对区域产业结构演变和升级的影响和制约作用也逐步加强。另一方面，在自然资源特别是矿产资源、能源资源贫乏的区域，产业结构的形成与发展往往更多依赖区位、交通、科技、信息和市场等条件。总之，自然资源对区域产业发展的影响作用是不可忽视的。

二　自然资源观在经济增长理论中的历史演进

（一）古典学派增长理论中的自然资源基础论

古典经济学早期，配第（Petty）认为，"劳动和土地"是财富的两个基本构成要素。重农学派认为，土地是一切财富的根本来源，土地上生产出来的"纯产品"被看作"自然的赐予"。塔戈特（Targot）更为直接地阐述了土地作为财富来源的原因，他认为："土地永远是一切财富首要的、唯一的来源——为人类提供第一批垫支基金的也是土地。"在经济学史上，塔戈特第一个发现并陈述了报酬递减原理，指出了土地的自然生产力极限。这里隐含着重农学派的一个基本理论前提，即自然资本包括土地在内是创造一切财富的首要条件。而报酬递减规律的陈述则指出了财富增长的自然生产力边界。也就是说，报酬递减规律表明了自然资源（包括土地、水源、生态、空气等）存在着自然生产力发挥的最大限度或容量，即生态阈值。1798 年，Malthusianism 提出自然资源绝对稀缺理论。他认为，资源的稀缺性质不会因科学技术与社会形态的发展而有所改变，当地区的人口总数量超过自然资源的供给极限的时候，它将以灾难性的形式自发地缩减。因此，如果人类认识不到自然资源的有限性，不仅自然环境与资源将遭到破坏，而且人口数量将以灾难性的形式（如饥荒、战争、瘟疫等）减少。他认为，无论是在物理数量上还是在经济数量上，资源的稀缺不会因技术进步与社会发展而有所改变，这是必然的和绝对的。"这一法则制约着整个生物界"，与亚当·斯密（Adam Smith）一样，李嘉图认为，一国的经济增长就是一国财富的增加，表现为实物产品或使用价值的增加，资本积累的扩大是国民财富增加的根本原因。随着资本积累、人口增加，土地的耕作必然由优到劣，连续对土地增加资本和劳动投入，必然使土地的边际报酬递减。可以看出，李嘉图已把经济增长最终约束归结为自然资源的约束。

李嘉图在其代表作《政治经济学及赋税原理》中提出了资源相对稀缺论。他认为，尽管工业生产中由于分工的发展和技术进步而存在报酬递增，但是在所有的土地资源都被利用了以后，资本积累率下降从而对劳动的需求下降，农业中的报酬递减趋势将会压制工业中的报酬递增趋势，于是经济增长速度将会放慢，直至进入人口和资本增长停滞与社会静止状态。李嘉图的研究视野是开放的，在他的经济增长模型中，纳入了对外贸易因素，认为对外贸易可以使当时的英国短缺的土地资源得到缓解。"在完全自由经济活动的制度下，最优化自然资源禀赋和劳动的配置，能够增加社会总福利。"① 自然资源只是相对稀缺的，对经济增长构成不了所谓的不可逾越的阻挠和绝对限制，在自由开放的经济市场的体系下，通过科学技术进步、对外国际贸易等多种途径是可以缓解自然资本或资源对经济发展的最终限制。

约翰·斯图尔特·穆尔（John Stuart Mill）认为，经济增长将因土地资源稀缺和人口过快增长而趋于停滞。他提出的"稳态经济理论"是对马尔萨斯和李嘉图关于资源稀缺观点的综合。他认为，"有限的土地数量和有限的土地生产力构成真实的生产极限"，这种极限在到来之前，就已经使绝对稀缺的效应显现出来了。但社会进步和技术革新会拓展和推延这一极限的到来。约翰·斯图尔特·穆尔完全接受了李嘉图的相对稀缺论，并加以扩展。他明确区分了土壤肥力可更新（或重复利用）与矿产资源利用的一次性（不可更新）特征差异（李嘉图把二者混淆了）。同时，将资源稀缺论引申到自然环境。他认为经济活动中的土地资源，除了农业生产功能外，还具有人类生活空间和自然景观美的功能。而且，生活空间的博大和自然景观的壮美是人类文明生活所不可缺少的。人们的思想源泉和激励动因与大

---

① ［英］李嘉图：《政治经济学及赋税原理》，商务印书馆 1976 年版，第 113 页。

自然密不可分。因此，他认为，尽管存在着自然资源的绝对极限，但人类会有能力来克服资源相对稀缺。最好的安排应是自然环境、人口和财富均应保持在一个静止稳定的水平状态，即稳态经济状态。而且这一状态要远离马尔萨斯的绝对极限，以避免出现食物缺乏和自然美的大量消失。

（二）新古典学派及现代经济增长理论的自然资源观

新古典经济学派将资源稀缺作为一个既定的分析前提，或者将自然资本的供给视作一个既定的外生变量，而偏重于研究在此前提下的资源最优配置问题。

新古典学派代表之一马歇尔（Marshall）考察了一国或地区局部范围内的资源稀缺对经济增长的影响。他认为，尽管在经济活动上自然资源表现的报酬规模是递减的，但是，在人类的知识积累、教育普及、科技进步、新机器、新方法的采用等其他方面，表现出的报酬规模是递增的，后者会逐渐超过前者，从而整个经济的表现仍然在继续增长。① 马歇尔对"马尔萨斯陷阱"提出质疑，"马尔萨斯不能预料到海陆运输使用蒸汽的巨大进步"，"这种进步使现代的英国人能以比较小的费用，得到世界上最肥沃土地的生产物。"他认为，人口的增加，"无疑地，对于获得幽寂和安静，甚至新鲜空气日益困难，也要加以考虑，但是，在大多数情况下，有利的一面较大。"而且，"现在英国，因为容易从外国得到原料的大量供应，随着人口的增加而发生的，除了对阳光、新鲜空气等的需要外，就是满足人类欲望的手段有超过比例的增加，这种增加的大部分归功于随着人口增加而来的财富的增加"。这种对资源供给的乐观态度隐含着如下思想：第一，通过对外贸易可获得本国短缺的资源，弥补资源缺口；第二，经济中的报酬递增趋势，即经济外部性可使财富增加比例超过人口增加比例。但实际上，马歇尔是局限在一国范围之内来考虑资源的稀缺约束对经济增长影响的。如果立足于整个人类社会，自然资源的短缺并不会因自由贸易而缓解。其实对外贸易只能使稀缺资源在国与国之间交换、分配，并不能在根本上解决自然资源的耗竭问题。

现代经济增长理论则更多地强调科学技术进步、人力资本、制度安排等要素对经济增长的影响。它们把自然资本这一古典增长要素简化为单纯的"生产成本"问题，认为随着自然资源不断地被开采、利用，资源利

---

① ［英］马歇尔：《经济学原理》上卷，商务印书馆 1985 年版，第 328 页。

用的成本增加了，但随着技术、知识的进步，"成本问题"相对于增长、资本积累、收益等并不足以成为经济增长和社会发展的障碍。经济学家舒尔茨（Schultz）在一定程度上认识到了自然资本的许多服务性功能，但是他始终从以货币可直接衡量的角度审视土地（即自然资源）在国民收入增长（即经济增长）中的作用。在他看来，现代经济增长得益于尚未被考虑的与传统资源迥异的新资源，即具有人力资本性质的新型资源（实际是指教育资源），"它们已经有效地替代了土地"，可见，舒尔茨不仅对自然资源的价值核算以直接的市场收益——地租为准，忽视了自然资源的其他生态价值，而且还认为"新型资源"可以对土地在经济增长过程中进行完全的替代。西蒙（Simon）也认为，并不存在对经济增长有任何无法应付的自然资源限制。① 暗含着在经济增长中其他要素对自然资源资本的一种逐渐替代的思想，现代经济增长理论忽视了自然资源在经济增长中的根基作用与地位。

尽管关于经济增长的源泉争论自始至终并没有形成统一共识，但是已经出现了一种趋势，即越来越多的经济学家强调技术、制度和资源这三类供给因素。随着研究方法的逐步规范、研究技术手段的更丰富，越来越多以前未被关注的生产要素开始纳入研究模型里面，经济增长模型前提假设被不断地放宽，越来越接近经济生活的实际。其中，地理要素如地理位置、自然禀赋、企业家区位的选择等，更多进入人们的视线，而在地理经济因素中自然资源是否丰裕成为一个备受瞩目的视点，因为自然资源，尤其能源矿产等资源的丰裕与该地区的经济增长关系远远比人们直接的经济直觉要更加复杂。

三　资源诅咒假说理论的提出与发展

（一）理论与经验研究

20世纪50年代之前，经济学理论认为，丰富的自然资源地区能够获得更多的资本积累，有着比其他地区更高的生产可能性边界、更快的经济增长和发展未来。但是，第二次世界大战以来，绝大多数资源丰裕的国家或地区社会经济并没有如经济学家所料的那样快速发展起来，反而陷入了经济发展的困境。就个体而言，一些自然资源丰裕的国家和地区（委内

---

① Simon, Julian E., Calvin Beisner and John Phelps (eds.), *The State of Humanity*, Blackwell Publishers Ltd., Cambridge M. A., 1995, p. 146.

瑞拉、塞拉利昂、赞比亚等）的经济表现却不及自然资源缺乏得多的国家或地区（中国台湾、日本、中国香港等），丰裕的自然资源对经济发展的影响作用仿佛由"恩赐"变成了"诅咒"。就整体而言，经验数据表明，从较长的历史时期来看，多数自然资源丰裕国家或地区经济增长的速度缓慢有的甚至在停滞状态。1965—1998 年，全世界范围内的低中等收入国家人均国内生产总值以年均 2.2% 的速度增长，而石油输出国组织的国家同期却下降了 1.3%。在全球 65 个资源丰裕的国家和地区中，只有极少数国家和地区（印度尼西亚、马来西亚、博茨瓦纳等）人均国内生产总值年增速达到 4%，而一些东亚资源较稀缺的国家和地区（中国香港、新加坡、韩国等）的经济增长却超过了发达国家的平均水平（世界银行，2000），更何况那些资源丰裕的国家。在中国区域范围内，我们同样也能发现与上述非常相似的经济现象。

20 世纪 80 年代中期以来，内生经济增长理论模型的发展为经济学相关研究提供了依据，基于此的大量实证研究，开始比较不同国家或地区经济增长速度的差异。一些经济学家发现，自然资源丰裕的国家经济增长速度较资源贫乏的国家要缓慢，与早期经济学观点相悖，于是开始探求其中原因。奥蒂（1993）在研究矿产资源丰裕的国家经济增长问题时，首次提出了资源诅咒，含义是指丰裕的自然资源对一些国家或地区的经济增长并不一定是有利条件，反而可能是一种束缚，并将"丰富资源并不能有效地促进经济增长"这一悖论总结为资源诅咒假说。此后，萨克斯和沃纳两位学者在 1995—2001 年的几年间，连续发表了多篇相关问题的经典研究，对该假说进行开创性的理论与实证分析。从此，资源诅咒假说理论逐渐地进入学者们的视野，并成为研究的热点。资源诅咒假说理论初期被提出的基本经济含义如图 2 - 1 所示的常规经济增长路径和资源诅咒式经济增长路径，t 表示资源开发迅速发展开始时期，经济增长明显地提高，但往往缺乏后劲和可持续性，在繁荣过后，最初良好的经济发展态势，很容易被资源的不合理开发带来的一系列负面效应所消失殆尽，陷入自然资源的优势陷阱而不能摆脱。

（二）资源丰裕度的测量

在众多文献中，资源丰裕度的测量是实证研究中的一个重要难题，为此，学者们纷纷引入了一些替代变量，包括初级产品的出口与 GDP 的比值（Sachs and Warner，1995）、初级产品部门的就业比例（Gylfason，1999）、

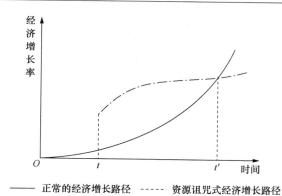

图2-1　常规经济增长路径与资源诅咒式经济增长路径

人均耕地数量（Wood and Berger，1997）、能源储量（Stijns，2000）和资源租占 GDP 的比值（K. Hamilton，2003）。虽然度量方法存在较大差异，但研究结果一致表明，资源丰裕度与经济增长的负相关关系是普遍存在的。国内的一些学者，比如，徐康宁、韩剑（2005）使用资源丰裕度指数（RAI），主要以各省煤炭、石油、天然气这三种矿产资源的基础储量占全国的相对比重来衡量各地区自然资源贫富的差异；徐康宁、王剑（2006）以采掘业部门（煤炭、石油、天然气、金属和非金属矿采选业等部门）的投入水平代表自然资源的总体禀赋状况。郑长德（2006）基于耕地资源、矿产资源、森林资源、湿地资源和水资源在我国各省市区的储量数据构造了自然资源综合优势度、人均自然资源拥有量优势度、资源组合指数。邓可斌、丁菊红（2007）用基期资源开采收入占总收入的比例来衡量一个地区资源开采的程度，在实际计量时用各期采掘业职工收入占地区职工总收入的比例指标替代。邵帅、齐中英（2008）以能源工业（包括煤炭采选业，石油和天然气开采业，石油加工、炼焦及核燃料加工业，电力和热力生产和供应业、燃气生产和供应业五大能源工业）产值占工业总产值比重的年均值来表示各省区的能源开发强度。

（三）资源诅咒传导机制

在程志强（2007）对资源诅咒发生机制的理论解释中，他将其分为两类：一是基于新古典模型的理论解释。二是非新古典的理论解释。对资源诅咒现象的解释中，各种文献主要集中在非新古典的理论解释上。概括而言，资源诅咒现象通过以下传导机制来影响经济增长：

1. 过度消费

对于资源诅咒的一种解释可以从这样一个事实开始，即由自然资源而产生的收入快速增长一般都是暂时性的。与资源激增相关的意外之财似乎会使一些国家或地区提高它们的消费，对于发展中国家来说，当处于资源激增过程中，政府有时会假设取自资源的收入不仅会维持在高水平上，而且还会继续上升。由于预期未来会有更高的收入，政府会从世界市场上借钱，用于资助那些考虑不周的政府公共工程。一旦资源激增结束，这些国家则会留下一些难以承受的外债。

2. 贸易条件波动

初级产品往往具有价格波动大的特点而导致国内需求随之波动，政府财政收入大受影响并进而影响宏观经济政策的制定，使经济大起大落而不利于整个经济的长期持续稳定增长（Auty，2001）。

3. 工业化动态

工业化方面的研究较多也较为深入。资源丰富可以产生资源转移效应、相对价格效应和支出效应而使制造业逐渐衰落（Corden and Neary，1982）。制造业部门具有技术外溢和边干边学的特征，而初级产业部门则缺乏联系效应和外部性甚至对人力资本的要求也相当低，因此就长期而言，这样的产业结构往往会使人才外流而导致经济衰退（Sachs and Warner，1995；Gylfason，2000）。由于自然资源的充足而引起国内制造业部门萎缩在国际经济学上称为"荷兰病"效应。

4. 挤出效应

萨克斯和沃纳（2001）认为，大量自然财富主要通过对经济增长促进行为的挤出效应来阻碍经济增长。从相关文献来看，这些行为主要包括储蓄投资、人力资本投入、创新行为等。吉尔法森等（Gylfason et al.，2001）认为，由于自然资源提供了一种持续性的财富源泉而使人们减少对现有资本转移到未来的需要，所以丰富的自然资源会降低储蓄和投资的需要，理想的储蓄率和成熟的金融系统与一国产出中自然资源开发所占份额是负相关的。资源丰裕地区缺乏人力资本投入的内在动力。由于人力资本的投入无法得到额外的收入补偿，人们接受教育的意愿普遍降低，高技术劳动力的增长速度减慢，人力资本积累自然趋于下降（Sachs and Warner，1997，1999；Gylfason，2001）。资源富足还会通过吸引潜在创新者和企业家去从事初级产品生产而挤出企业家行为和创新行为，企业家的才能在一定程度上被限制而使对创新的挤出效应潜在性增强（Sachs and Warner，2001；Papyrakis and Gerlagh，2006）。

5. 政治制度弱化效应

从上述的讨论来看，我们所分析的资源丰裕度可能是导致经济发展缓慢的原因，其中包括过度消费、贸易条件波动、工业化的动态和"挤出"效应。所有这些都显示：政府行为在把资源诅咒转化为福祉的过程中起到了一定的作用。但是，与此同时自然资源提供了一种收取经济租金的简单方法（Krueger，1974），并增加了为获得资源而向行政人员行贿的回报（Leite and Weidmann，1999；Torvik，2002）。此外，资源富足常伴随着某种政治权力利益集团的产生，这些集团会试图影响政治家制定有利于其特殊利益的政策而滋生寻租和腐败行为（Mauro，1998），这些行为弱化了政治制度的质量，进而对经济增长产生负的非线性影响（Sala-i-Martin and Subramanian，2003）。概括起来，自然资源对政府政策的负面效应来自两条渠道：第一，自然资源常常会导致政府的经济部门过度膨胀。这种膨胀发生的原因，或是因为资源为政府收入提供了一个稳定的来源，或是因为大政府常常会作为一种手段，使得资源收入合法或不合法地分配给国内的强势利益集团。第二，通过增加政府可以分配给弱势群体的收入，自然资源会提高争夺政府控制权的赌注，鼓励人们更卖力地去维持或占有权利。我们看委内瑞拉，1970—1978年，其公共经济部门规模扩大了1倍，外债增长了8倍。争夺政府控制权以攫取自然资源份额的形式多种多样，从政治腐败到内战，甚至外国入侵。如20世纪90年代发生在塞拉利昂的10年战争、苏丹持续20年的内战，有200万人丧生。

第二节　资源诅咒假说的国家间解释理论

一　中心—外围论

中心—外围理论是由经济学家罗尔·普雷比斯奇（Raul Prebisch）在1949年《拉丁美洲的经济发展及其主要问题》中提出的[①]，它将资本主

[①] Raúl Prebisch, The Economic Development of Latin America and its Principal Problems, *Economic Bulletin for Latin America*, 1962, 7 (1), pp. 1-2.

义社会划分成两个部分：一部分是生产结构多样化和专业化程度较高的"中心"国家或地区，主要由西方发达国家构成，出口工业品或高附加值产品，进口原材料或初级产品，占有技术进步所带来的几乎全部的利益；另一部分是生产结构相同而多样化的"外围"国家或地区，包括广大的发展中国家，进口工业制成品和服务，生产技术落后、劳动生产率较低。在这个"中心—外围"体系中，"中心"国家首先发生科学技术进步，其工业制造业部门容易吸收和应用新技术，因而会较早地提高工业生产率，使工业的生产要素回报率增加，其产品价格具有优势，利润较高。而初级产品部门的生产技术较落后，劳动生产率低下，投入各种生产要素的边际收益不断递减，从而使得初级产品科技附加值少、价格较低。科学技术进步带来的利益在两类不同的社会之间进行不平等分配，"中心"国家存在以"外围"国家的存在为前提，"中心"国家的发展以损害"外围"国家的发展为代价。"外围"国家始终会处在不利的地位，并继续恶化。如果不摆脱这种"中心—外围"的结构体系，"外围"国家的发展就没有希望。

普雷比斯奇的"中心—外围"理论得以成立的基本条件实际上就是"中心—外围"体系的三个基本特征：整体性、差异性和不平等性。首先，对于所谓的整体性，普雷比斯奇强调的是，无论是"中心"还是"外围"，它们都是整个资本主义世界经济体系的一部分，而不是两个不同的经济体系。普雷比斯奇认为，现存的世界经济体系是资产阶级工业革命以后，伴随着资本主义生产技术和生产关系在整个世界的传播而形成的，维系这一体系运转的是在"19世纪获得了很大的重要性"的国际分工。根据这种国际分工，首先技术进步的国家就成了世界经济体系的"中心"，而处于落后地位的国家则沦落为这一体系的"外围"。"中心"和"外围"的形成具有一定的历史必然性，是技术进步及其成果在资本主义世界经济体系中发生和传播的不平衡性所导致的必然结果。然后，对于"中心—外围"体系的差异性，普雷比斯奇的侧重点在于强调二者在经济结构上的巨大差异。他认为，技术进步首先发生在"中心"，并且迅速而均衡地传播到它的整个经济体系，因而"中心"的经济结构具有同质性和多样性。所谓的"同质性"，是指现代化的生产技术贯穿于"中心"国家的整个经济；而其经济结构的"多样性"表明，"中心"国家的生产覆盖了资本品、中间产品和最终消费品在内的、相对广泛的领域。"外围"部分的经济结构则完全不同：一方面，"外围"国家和地区的经济结构是专业化的，绝大部分生产资源被用来不断地扩大初级产品的生产部门，而对工业制成品和服务的需求大多依靠进口来满足。另一方面，"外围"部分的经济结构还是异质性的，即生产技术落后、劳动生产率极低的经济部门（如生计型农业）与使用现代化生产技术、具有较高劳动生产率的部门同时存在。最后，"中心—外围"体系的"不平等性"，是普雷比斯奇这一理论的第三个主要方面，也是该理论的关键和最终落脚点。他认为，从资本主义"中心—外围"体系的起源、运转和发展趋势看，"中心"与"外围"之间的关系是不对称的，是不平等的。

随着经济全球化的加速发展，"中心—外围"理论本质上并没有发生变化，主要体现在以下三个方面：

第一，经济全球化是一个早已开始的历史进程，在普雷比斯奇提出"中心—外围"理论的时代，它就已经开始。而且，根据普雷比斯奇的看法，资本主义世界经济体系在 19 世纪就已经确立它的整体性，是一个由"中心"和"外围"构成的整体。如今，随着经济全球化的加速发展，普雷比斯奇的"中心—外围"理论中所假定的"整体性"特征只会更加凸显。与此同时，世界各国在应对经济全球化加速发展挑战时，并不是处在同一条起跑线上，因此某些起步较晚的国家就更有可能被经济全球化的大潮吞噬，从而使本国在相当长的一段时间内处在"外围"的地位上。当然，也有一些起步较晚的国家抓住了经济全球化加速和知识经济的机遇，获得了经济的飞速发展，从而逐步摆脱了"外围"地位，成为世界经济体系的"半外围"，乃至"中心"。因此，这种整体性仍是动态的。

第二，资本主义世界经济发展不平衡规律并不会因经济全球化的飞速发展而失效，"中心"与"外围"之间在经济结构和生产结构上的差异性仍将继续存在，在某些情况下甚至会随着经济全球化的加速发展而扩大。随着第三次技术革命的深入发展，"中心"国家的经济结构和生产结构不仅仍呈现出同质性和多样化的特征，而且还出现了知识化和信息化，它们将以生产和出口知识产品为主；而"外围"国家对新技术革命的应对则是不同的，绝大多数"外围"国家的经济结构和生产结构仍然将呈现出异质性和专业化的特征。随着经济全球化的加速发展，市场经济体制将进一步渗透到几乎所有的"外围"国家，而市场经济是一种典型的"强者胜"的制度形式，那些处于劣势的"外围"国家将处于更加不利的地位。它们一方面会努力从经济全球化中获得利益，发展一些技术含量高的产业；另一方面则受市场机制所迫，不得不更多地从事低技术含量的初级产品或工业品的生产和出口。因此，在它们的经济结构中必然会出现先进技术部门与技术相对落后经济部门并存的局面，也就是所谓的异质性。更有甚者，经济全球化所日趋统一的世界经济贸易规则基本上是按照"中心"国家的利益确定的，它不仅不利于"外围"国家改善经济结构的努力，反而会使它们落后的经济结构"永久化"。当然，应当承认，也有一些"外围"国家充分利用了经济全球化带来的机遇，抓住了知识经济的特点，通过不懈努力，逐步完善本国的经济结构，从而上升为"半外围"国家或"中心"国家。

第三，"中心"国家在资金、技术、人才、贸易、投资、金融等方面仍占有绝对的优势，因而成为经济全球化的最大受益者。而"外围"国家则由于在制定国际经济和贸易规则上的附属地位，由于在市场经济体制下的"弱者"地位，它们能够从经济全球化进程中获得的利益将是十分有限的，这就不可避免地会扩大两个经济体系之间的差距。

二 贸易条件恶化论

贸易条件恶化论（deteriorating trade terms theory）也就是普雷比斯奇—辛格（Prebisch–Singer）假说，最初是罗尔·普雷比斯奇提出来的，与中心—外围理论同时产生的，由索洛（Solow）的历史考察和辛格的完善，最后得到了多数发展经济学家的认可。贸易条件恶化论是对正统的新古典贸易学说的彻底否定。首先，它否定了传统贸易理论的静态性质。在传统贸易理论中，贸易条件是既定的、不变的，不存在长期恶化和改善问题。其次，它否定了自由贸易对所有国家都有好处的结论。它认为在现有的贸易格局下，贸易只对出口制成品的中心国家有利，对出口初级产品的外围国家是不利的。因此，它的政策意义是很清楚的，即反对自由贸易，主张贸易保护。它为发展中国家走进口替代的工业化道路，为实行贸易保护提供了一个有力的理论根据。20世纪五六十年代发展中国家尤其是拉丁美洲国家普遍采用内向型发展战略，可以说，在理论上受罗尔·普雷比斯奇等观点的影响是很大的。

但是，贸易条件恶化论遭到一些新古典经济学家的批判。反驳分为三个层次：第一个层次是否定初级产品贸易条件的下降趋势。新古典经济学家认为，由于出口产品千差万别，统计检验有很大的偏差。虽然大多数研究利用出口商品价格资料得出初级产品贸易条件长期下降的结论，但也有些研究利用另一些资料或不同的处理方法发现，初级产品的贸易条件没有显示下降的趋势。第二个层次是承认初级产品贸易条件呈长期下降的趋势，但认为这是表面下降，而实际上并没有下降。初级产品相对于工业制成品的价格下降是对这两类产品质量改进的反映。由于工业制成品质量改进较初级产品要快，由于工业部门新产品的不断涌现，由于运输成本的大幅度下降，因此，工业制成品的价格相对于初级产品就要高一些。第三个层次是承认发展中国家贸易条件呈下降的趋势，但并不认为这对发展中国家的经济发展构成重大障碍。贸易条件恶化论者所说的贸易条件是指商品的贸易条件即净易货贸易条件。

贸易条件从长期来看对落后国家是在不断恶化的，随着世界科技水平的不断提高，发展中国家与发达国家之间以及发展中国家内部之间的贸易，主要存在着以初级农矿产品与劳动密集型产品的交换，劳动密集型产品与资本密集型产品的交换，资本密集型产品与知识密集型产品相交换三种技术层次。各个国家根据自己的科技发展水平，分别处于侧重于出口初级农矿产品、劳动密集型产品、资本密集型产品、知识密集型产品的分工上，体现了不同的生产力水平，每一个较高技术层次的国家相对于更高技术层次的国家存在着贸易条件的恶化趋势，但相对于较低技术层次的国家，它们又存在着贸易条件的优化趋势。技术水平越高，一国才越有可能占领市场先机，也才能拥有更多的有利贸易条件，使贸易条件优化的收益大于贸易恶化的损失，最终改善自己的贸易环境，实现经济的腾飞。否则，则会在国际贸易中处于不利地位，越掉越远。根据一国的技术发展水平，体现的不同的生产力状况，在国际贸易中所处的不同地位以及由此造成的不同发展后果，人们把它们划分为最不发达国家、不发达国家、中等发达国家、发达国家。由此可见，最终决定一国在世界体系中的地位的是一国科技发展的水平。国际贸易的竞争实质上是科技实力的竞争，只有不断提升自己的产业结构，增强自己的科技实力，才能真正改善自己的贸易条件。

三　价格波动论

价格波动论的主要观点是：由于国际初级产品市场价格的不稳定，出口初级产品国家的财政收入会受到较强的影响而发生较大幅度波动，进而影响它们的宏观经济政策（Prebisch and Singer，1950；Nerske，1958；V. Levin，1960）。Davis 和 Tihon（2005）指出，自然资源产品具有低供给弹性和低价格弹性的特征，初级产品国际市场价格的波动率常常会超过

30%，其收入会随着世界经济周期的变化表现出较为强烈的波动性，相应的国家政府难以对世界经济发展变化准确地做出有效的中长期规划，因此它们也就无法形成稳定的资本积累，难以顺利地促进本国的经济增长。Manzano 和 Rigobon（1960）研究认为，自然资源富集的国家经济表现糟糕，是由于早期的以初级出口的高价格产品作为隐形担保，当价格下跌之后，它们就会负债累累，危及经济的增长。在 20 世纪 70 年代，由于商品的价格高，自然资源富裕的国家以自然资源作为债务的间接承担者；而 20 世纪 80 年代商品价格的滑落，使这些国家陷入债务危机，自然资源的财富效应随之消失了。赫伯森（Herbertsson，1999）指出，自然资源产品价格的较大变化会导致利率、汇率的波动，增加了国内和国外投资者的金融风险。因此，东道国经济增长所必需的社会投资基本无法实现。奥蒂（2001）研究认为，初级产品的价格波动性比较大，会影响到国内消费需求和政府的财政收入，在一定程度上会抵消政府宏观政策的有效性。萨克斯和沃纳（2001）研究发现，由于自然资源丰裕国家的商品价格往往较高，这些国家采用的出口导向型增长模式往往会失败。

　　总之，自然资源的出口价格波动剧烈可能不利于资源丰裕国家长期的经济增长，原因如下：首先，资源价格波动导致国内市场需求的波动，商业因为边际利润较低，经营起来更加困难；对未来价格波动的不确定性，造成制造业发展的停滞。其次，公共部门的财政可能会进一步恶化资源价格波动的影响。资源丰裕国家在资源价格上升期开始建设大型基础设施，却缺乏资金储备确保在建项目和完工项目后续维护，一旦资源价格下降，价格波动的影响被放大。最后，自然资源价格的波动管理十分困难。投资者总是在时局很好的时候投入资金，而当时局不好时又会撤回资金。经济活动因此比商品的价格具有更强的波动性，繁荣时期所获得的收益被经济衰退所抵消。

第三节　资源诅咒假说的国家内解释理论

一　"荷兰病"效应

　　"荷兰病"是指一国特别是中小国家经济的某一初级产品部门异常繁荣而导致其他部门衰落的现象。20 世纪 60 年代，已是制成品出口主要国家的荷兰发现大量天然气，荷兰政府大力发展天然气业，出口剧增，国际收支出现顺差，经济显现繁荣景象。随着天然气开采量和出口量的上升，天然气出口收入快速增长。如1976年达20亿美元；经常项目从1967—1971年的年均1.3亿美元赤字变为1972—1976年的年均20亿美元顺差。可是，快速发展的天然气业严重打击了荷兰的农业和其他工业部门，削弱了其他出口行业的国际竞争力。到20世纪70年代，荷兰遭受通货膨胀加剧、制成品出口下降、收入增长率降低、失业率增加的困扰，这种资源产业在经济"繁荣"时期快速膨胀、收益增加是以牺牲其他行业为代价的现象。但是，天然气带来的不仅仅是源源不断的财富，而且还有一系列不利于国民经济结构正常运转的副作用；天然气出口收入的急剧增长提高了荷兰货币（盾）的汇率，比如，20世纪70年代中期比20世纪70年代初期高出16.4%，从而使制造业部门在面对外部竞争时处于十分不利的地位。工业生产的下降又导致失业率上升，从20世纪70年代初的1.1%提高到20世纪70年代后期的5%以上。总而言之，荷兰当时因蓬勃发展的天然气业严重打击了荷兰的农业和其他工业部门，削弱了出口行业的国际竞争力，通货膨胀上升、制成品出口下降、收入增长率降低、失业率增加。这种由于国内居民拥有国内自然资源价值的改变而引起其他生产品制造部门竞争力和产量下降的情况被称为"荷兰病"。

"荷兰病"效应是资源诅咒假说的经典解释框架，是由戈登和尼里（Corden and Neary）于1982年在新古典增长理论模型的理论上提出，并逐渐趋于成熟。他们将一国的经济部门分为制造业部门、资源出口部门和服务业部门（主要是一国内部的建筑业、零售贸易和服务业部门）三个，前两者生产产品可对外贸易，服务业部门的产品是不可贸易的。假设一国的经济起初处在均衡状态，突然发现了大量的某种自然资源，如能源、矿产资源等，或者自然资源的国际市场价格意外上涨，将导致两方面的后果：第一个后果是劳动和资本等关键的生产要素转向可贸易的资源产品部门，制造业部门就必须提高报酬吸引劳动力，制造业受到了劳动力成本上升的打击，降低了竞争能力。同时，由于自然资源出口带来的外汇收入因价格上涨而增加，使得本币升值，制造业部门再次因产品出口价格上升而价格竞争力减弱。这被称为资源转移效应。在资源转移效应的影响下，另外两个部门衰落下去。第二个后果是自然资源出口收入增加会增加对其他部门产品的消费需求，但是，进口国外的同类产品价格相对更加便宜，这并不能促进本国其他可贸易部门同类产品的生产。不过，对不可贸易的服务业部门产品的需求增加会使服务业重新繁荣，这被称为支出效应。两种后果最终造成资源部门扩张和制造业萎缩的局面，必会降低整个社会的资源配置效率，经济增长受到资源部门扩张的负面影响。

制造业在经济增长中的基础地位是新古典增长理论重点，技术创新与进步仅仅被作为既定的外生变量出现，可它为后来的内生经济增长理论提供了研究资源诅咒的路径。之后，Matsuyama（1992）建立了标准的经济理论模型对资源诅咒假说进行研究，考察了资源部门和制造业部门分别对经济增长影响程度，认为在经济结构中，制造业向采掘业转变的力量削弱了具有"干中学"（learning by doing）特征的制造业的成长，降低了整个社会经济增长率。之后许多学者（Sachs and Warner，1995；Leite and Weidmann，1999；Gylfason，2000，2001；Papyrakis and Gerlagh，2004；徐康宁和邵军，2006；邵帅等，2008，2010）也得到了与其相似的主要结论。

二　制度质量

制度质量理论的基本观点为：自然资源繁荣会对一个国家或地区的良性制度产生破坏作用，通过侵蚀制度应有的规范作用，间接地影响经济增长。制度理论也是资源诅咒传导机制的一种重要解释理论，对市场制度不完善的发展中国家更是如此。威廉姆（William，2002）在自然条件影响经济发展的研究报告中也提出，政府效力、政府调控、政治稳定性和法律法规等制度因素与经济发展及自然资源有密切关系。不同于以往的直线型研究路线，制度理论的学者们明确地转向了曲线型研究，探讨自然资源—制度质量—经济增长之间的关系。因此，只有更好地理解制度和经济增长的关系，才能够在这种角度下研究自然资源与经济增长之间的间接效应。在经济增长理论的发展过程中，新制度学派（North，Thomas et al.）提出制度重于技术的观点，把制度因素引入经济增长模型之中，并认为制度是经济增长的决定因素。新制度学派的这一研究模式也打破了新古典经济增长理论中制度既定的假设条件。

制度理论的观点是自然资源会对一个国家的制度产生诅咒，通过诅咒制度间接地影响经济增长，并据此提出对这些国家的政治经济体制和政府政策加以重视的建议。奥蒂（2001）认为，资源富集国家，尤其是油气资源富集国家易于出现寡头政治统治。政府在小集团控制下会形成强大的部门利益，并造成国家资源的开采与生产为了小集团的利益而损害公众的利益——正如俄罗斯已经出现的情况。这样的资源行业发展模式会抑制制造业等生产效率高、对国民经济影响大的行业的发展，导致国民经济体系发展畸形。罗斯（Ross，2001）讨论了资源充裕尤其是资源繁荣对政治体制选择的影响机制。他认为资源充裕的国家很难转向民主政治体制或民主程度较低，具体有三种效应导致这一结果。一是租金效应。资源的开发，尤其是资源繁荣带来大量资源租金，政府有足够的财力可以通过减少税收增加支出、阻止独立于已有统治者的社会团体的形成等方式，维持独裁并减缓和降低民众对民主政治的需求。二是镇压效应。资源开发带来大量租金容易导致地区冲突，这些国家有能力也有激励扩大军事和内部安全支出，也有实力镇压不同意见者，减缓了民主进程。三是现代化效应。资源充裕可能会对城市化、民众受教育水平的提高、职业专业化等方面产生负面影响，不利于社会和文化结构的现代化转型，无助于民主政治体制的形成。Engerman 和 Sokoloff（2001）及纳克和基弗（Knack and Keefer，1995）都坚持认为制度对经济的发展起着决定性作用，制度的演进路径和质量都会影响经济的长期绩效，而自然资源的丰裕对制度的路径及质量影响程度较高。Mehlum、Moene 和 Torvik（2002）首次提出制度质量的门槛效应，证明了制度对资源诅咒现象有显著影响，并说明当制度质量的衡量指标低于 0.93 门槛值时，就会出现资源诅咒的现象。埃斯特利和莱文（Eastely and Levine，2002）研究发现，前殖民地国家的自然资源禀赋与经济增长关系呈现负相关关系，主要的传导机制是这些国家的制度变迁路径。实证研究显示，制度弱化效应是资源诅咒发生的根源。能源、矿产等自然资源的丰富将会诱发经济人贪婪的寻租行为而不致力于经济的发展，弱化了一国内部相应制度的质量，进而对该国的经济增长施加负面影响。阿特金森和汉密尔顿（Atkinson and Hamilton，2003）认为，那些发生资源诅咒的国家是因为制度的弱化导致政府对资源收入管理不力，使得那些资源寻租不能被很好地用于促进经济发展的其他行业。Sala-i-Martin 和 Subramanian（2003）对制度因素在资源与经济发展关系中的作用也做了阐述，他们发现对制度质量的控制失败时，自然资源丰裕度与经济增长之间就呈现出负相关关系。国内的一些学者也从制度理论出发，研究了资源丰裕度相近的国家之间，由于制度质量的差异而造成的经济增长状况的迥异。他们认为，制度质量并不必然遭遇被诅咒的命运，只要与资源开发及相关制度的安排比较合理，经济体完全有可能将资源的诅咒化为祝福。即制度质量越高，自然资源的诅咒效应越小；当制度质量越过一定的门槛后，自然资源则能够显著促进经济增长。在这种研究范式下，制度质量作为自然资源和经济增长之间诅咒效应的传导机制的意义相对减弱，而更加作为决定二者是何种相关关系的控制因素出现。换言之，制度质量在分析中成为外生给定的变量。

国内学者张景华（2008）在实证模型中也引入了制度因素，使用了非公有经济固定资产投资占全社会固定资产投资比重指标来表示制度变迁，结果表明，制度质量对经济增长的影响很显著。徐康宁和王剑（2006）也验证了制度质量的提高对区域经济增长有明显的促进作用，制度质量的指标越高，自然资源诅咒效应也就越小。遗憾的是，这些研究并未深入结合我国改革多年的特殊情况，显然，双轨制是作为制度方面解释我国经济发展的一个不可忽略的关键部分。

三　人力资本

"荷兰病"效应中已经述及制造业与人力资本之间的影响关系，事实上基于人力资本对资源诅咒的解释已成为一大重要流派。而该种解释模型的出现与演进明显受人力资本理论的影响。20 世纪 70 年代初，舒尔茨的人力资本理论受到学界广泛重视，他批判了将经济增长解释为物质资本积累和技术投入的理论，并认为促进经济增长和劳动生产率提高的重要原因已不是土地、劳动力数量和资本存量的增加，而是人的知识、能力和技术水平的提高。人力资本被认为是比物质资本更为关键的促进经济增长的因素，是经济增长最重要的动力和源泉。这种观点在后来卢卡斯的内生经济增长理论中得到进一步深化。

在此基础上，资源诅咒的人力资本学说的基本观点为：自然资源开发通过"挤出"人力资本的投入，仅需简易技能劳动力的资源型产业扩张会导致人力资本长期积累不足，造成经济增长发展缺乏后劲。资源型产业缺乏"向前"或"向后"产业的联系效应以及外部性，对人力资本的要求也相当低（Gylfason，2001）。还有相对于加工制造业，资源型产业单一的经济结构会导致资源丰裕地区几乎没有积累人力资本的动力。在我国，一些过度依赖资源型经济地区的人们普遍不愿意接受较高层次的教育，可能是由于人力资本的投入无法得到足够的收入补偿，而具有较高知识水平和技能素质的劳动力大量流失，人力资源开发的意识滞后。

Shleifer（2001）认为，资源丰裕带来的资源部门的租金对优秀人才的人力资本配置会产生重要影响，如果一个社会高水平的人力资本主要集中在非生产性活动中，自然会阻碍国民经济的持续健康发展。最后，资源部门对人力资本要求并不是很高，这样就导致了倚重自然资源出口的国家的人力资本投入的不足，从而制约了经济的持续发展。这种观点直观地表述了处于较高水平的人力资本因素与自然资源因素之间的负相关关系。其内在机理与本书将提出的挤出效应也比较一致。Murshed 等（2001）认为，在发生资源诅咒的国家，政权被一小部分醉心于资源租金的精英所控制，由于他们认为基础设施和人力资本从投资到产生收益有一个较长的滞后期，而这些控制国家的精英阶层对未来的基础设施和人力资本收益的折现值很低。资源的收益主要用于进口消费品，一些生产性投资也主要集中于国内消费品领域，有些国家甚至将资源收益的相当比例用于购买军事装备，而对国内的基础设施、教育等具有正外部性的公共产品和准公共产品投资很少。吉尔法森（2001）实证发现，资源丰裕度高的国家教育投入占 GDP 的比例普遍较低，因为这些地区的政府或家庭过分自信而没有形成对高水平教育的需求，它们相信自然资本是最重要的资产，是一种安全的保障，而忽略了人力资本的积累。因此，这些国家人力资本的缺乏是导致资源诅咒的关键，这和现代经济增长理论中罗默模型、卢卡斯模型的结论是一致的。萨克斯和沃纳（2001）、Papyrakis 和 Gerlagh（2006）也论证了资源丰裕的国家倾向于低估教育和人力资本投资的长期价值，因此对于人力资本的投资也少得多。人力资本学说与"荷兰病"模型存在一定程度的一致性。优秀人力资本配置不足会直接影响一国的技术扩散效应，制约了技术进步，因此从资源诅咒的传导路径上说，人力资本学说也可以视为"荷兰病"模型的上游。

国内学者程志强（2007）根据人力资本投资的微观决策模型，分析了资源充裕尤其是资源繁荣对人力资本投资的回报率的影响。首先，资源繁荣可能通过物质资本收益率、工资收入的提高而提高人力资本投资的机会成本，不过也放松了政府的预算约束，通过政府提高公共教育支出来降低人力资本投资的成本，从而有助于人力资本的形成。其次，资源繁荣通过多种机制诱导资源充裕的发展中国家和地区选择进口替代战略，发展资本密集型产业，这些产业的增长伴随着很低的低技术水平和一般技术水平劳动力的需求扩张，经济增长自然很难惠及普通民众尤其是贫困阶层，且降低了人力资本投资的回报率。胡援成和肖德勇（2007）建立了两部门内生经济增长模型，运用面板门槛计量回归方法，使用当地高素质人才的比率衡量人力资源，分析我国的资源诅咒现象。结果显示，影响我国资源诅咒现象的人力资源门槛值的确存在，增加人力资本投入最能起到减弱资源诅咒的作用。

四 技术创新

技术创新是指以现有的知识和物质，在特定的环境中，改进或创造新的事物（包括但不限于各种方法、元素、路径、环境等），并能获得一定有益效果的行为。创新包括工作方法创新、学习创新、教育创新、科技创新等，科技创新只是众多创新中的一种，科技创新通常包括产品创新和工艺方法等技术创新，因此技术创新是科技创新中的其中一种表现方式，是改进现有或创造新的产品、生产过程或服务方式的技术活动。重大的技术创新会导致社会经济系统的根本性转变。技术创新包括新产品和新工艺，以及原有产品和工艺的显著技术变化。

对于资源诅咒的问题，技术创新解释理论类似于人力资本，认为自然资源开发会挤出技术创新，从而阻碍经济的长期增长。挤出技术创新也是学术界对资源诅咒假说理论研究的热点。Papyrakis 和 Gerlagh（2004）扩展了拉姆齐·卡斯·库普曼斯（Ramsey – Cass – Koopmans）模型，分析资源丰裕对科学研究与开发和企业家创新的影响，类似于萨克斯和沃纳（2001）、Papyrakis 和 Gerlagh（2006）的研究结论，他们认为较高的资源租金会吸引人们从事初级资源产品的生产，而惰于企业家行为和技术创新活动，大量的资源开发收入会导致过度的各种消费，最终整个资源丰裕地区的经济没有可持续发展的动力。具体来看，一方面，资源丰裕能够导致更少的人从事科学技术创新研究；另一方面，资源丰裕国家为了摆脱落后的经济，资源开发倾斜性的政策为企业家的创新活动设置了障碍，造成管理、技术等创新活动急剧下降。Papyrakis 和 Gerlagh 实证美国国内的自然资源开发与技术研发支出水平的关系，其结果与上述理论相符。邵帅（2008）针对我国西部地区的现实情况，动态分析了对资源开发与技术创新、地区经济增长之间的关系发现，西部的自然资源开发挤出了区域技术创新。

五 锁定效应

锁定效应实质上是产业集群在演进中产生的一种"路径依赖"现象，

是指人类社会中的技术演进或制度变迁均有类似于物理学中的惯性，即一旦进入某一路径（无论是"好"还是"坏"）就可能对这种路径产生依赖。一旦人们做了某种选择，就好比走上了一条不归路，惯性的力量会使这一选择不断自我强化，并让你不容易走出去，"锁定"在某个状态。阿瑟（Arthur，1989）认为，发展和采用新技术，可以凭借其收益递增机制优先占领高端行业，实现自我加强的良性循环，在竞争中战胜对手。与之相反，没有获得足够的优势技术或较晚时间得到的企业则举步维艰，甚至被"锁住"在某种劣势环境中恶性循环，在这种被动状态之中难以自拔。诺斯（North，1990）把阿瑟提出的技术变迁机制扩展到制度变迁中，用"路径依赖"概念来描述过去的绩效对现在和未来的强大影响力，证明了制度变迁同样具有报酬递增和自我强化的机制。这种机制使制度变迁一旦走上某一条路径，它的既定方向会在以后的发展中得到自我强化。沿着既定的路径，经济和政治制度的变迁可能进入良性循环；也可能顺着原来的错误路径继续下滑，结果在痛苦的深渊中越陷越深，甚至被"锁定"在某种无效率的状态之下。一旦进入"锁定"状态，要想脱身而出就变得十分困难，除非依靠政府或其他强大的外力推动。通俗地讲，"路径依赖"类似于物理学中的"惯性"，一旦进入某一路径（无论是好是坏）就可能对这种路径产生依赖。因此，在既定的制度变迁目标下，要正确选择制度变迁的路径并不断调整路径方向，使之沿着不断增强和优化的轨迹演进，避免陷入制度锁定状态。宋冬林（2006）认为，与非资源型城市相比，资源丰裕的城市的发展在初始条件上具有优势，很容易产生极大的经济性、体制性和社会性沉淀成本。由于资源型城市各类沉淀成本非常大，相应的经济性、体制性和社会性锁定效应也就很强，落后产业的转型、制度的改革等障碍较大，从而不利于经济的长期增长。

对我国而言，在早期，国家为了加快内陆地区脱贫解困和缓解东部地区高速增长中能源和矿产资源的约束，对中西部地区实行资源开发项目的政策倾斜。经过多年的发展，自然资源较富集地区的产业结构已经或正在明显地向资源产业集中，并且该地区的经济发展更加依赖资源产业（陈秀山，2008）。造成城市的发展受到限制，生态环境持续遭到破坏，第三产业以及可替代产业发展落后等，已经有可能处于被"锁定"在恶性循环的边缘。本书将考察资源产业空间集聚与区域经济增长之间的关系，结合新经济地理理论给出的政策含义，试图在目前资源约束日益增大的情况下，为资源相对富集的中部、西部提供长远的可持续发展的政策建议。

六 政治环境

政治环境解释主要观点为：自然资源开发增加了国家的寻租行为、腐败程度、社会冲突和不稳定等，当地政府功能仅仅是改变了私人收益分布，没有地区经济发展所必需的环境条件，增长成为难以实现的梦想（赵伟伟，2010）。Torvik（2002）阐述了资源丰裕的国家寻租活动如何阻碍其经济的发展。一方面，政客为了取得政治权力或谋求职位的连任，会趋向于毫无节制地过度抽取资源租金，并将资源的收益的绝大多数用于维持社会表面的经济繁荣和贿赂选民，资源收益根本没有起到增加社会福利的作用。另一方面，企业家从制造业部门退出进入寻租活动领域，企业家远离现代制造业部门会造成制造业供给的下降，由于制造业具有规模报酬递增特点，因此制造业生产的下降幅度要远大于资源开采收入上升的幅度。最终结果是，资源不能在代际、产业之间、投资和消费之间进行合理分配，从而导致地区长期经济增长的停滞。巴兰德和弗兰科伊斯（Baland and Francois，2000）建立了企业家寻租行为与企业家才能之间的模型，研究在什么条件下会增多寻租行为或激励企业家才能。结果显示，资源丰裕环境下的企业家更倾向于寻租活动的领域。艾迪森（Addison，2002）、奥尔森（Olsaon，2003）、恩格尔伯特和罗恩等（Englebert and Ron et al.，2003，2004）则倾向于从资源冲突上提出，那些冲突管理制度薄弱、收入不平等严重的国家，面对突然的资源繁荣时，会使社会长期积累的不满和贪婪爆发，增加了国家陷入冲突的危险。不满的根源是经济因素、政府对不同团体和阶层提供的差别化的经济利益造成的，特别是当政府不能为社会公众提供普遍的安全和最低限度的公共品时，被歧视者会依靠亲属纽带来获得安全保障和支持，结成以种族为基础的"不满"阶层或团体。丰富的自然资源或资源品的价值提高使社会各阶层或团体的期望收益增加，贫穷的民众降低了参加战争的成本。在不满和贪婪的驱使下，为了获得自然资源的租金，不同利益团体之间采用犯罪、腐蚀，甚至通过战争来争夺资源控制权。而政府为了保证政权，会大量增加军事开支，挤出其他方面的支出。当资源租金成为可观的"奖金"时，暴力冲突就不可能停止。结果是资源收益成为各利益方用于内耗、解决冲突的费用，致使整个社会更加贫穷，失去生机和活力。资源诅咒的政治环境的解释理论研究已经逐渐成为热点，但是研究对象的多样性、数据调查的可获得性以及其质量等使得规范的实证检验研究举步维艰，大多数结论是通过非规范性的案例说明、诸多前提假设条件的理论推演而得。

第四节　如何破解资源诅咒

资源诅咒的现象在全球具有普遍性，这一个观点逐渐被认可。但其产生的原因和作用机理却不一定相同，在一些国家，可能是多种原因的协同作用，因此，摆脱资源诅咒的方式也应该是多种多样的，总结学者们提出的观点，大致相似的方法有以下几个方面。

一　建立完善的产权制度

Hausmann 和 Rigobon 等（2004）认为，完善的产权制度可以明确资源的具体所属关系，消除资源开采中的无序、机会主义，避免"公地悲剧"；使资源在代际、产业之间、投资与消费之间合理分配，提高资源的利用效率。制定出行之有效的产权制度，避免资源所有权的虚置或弱化为政府官员进行"政治寻租"提供可能。与此同时，可以考虑建立相关政策引导因某种商品的激增而带来的意外之财用于投资，或者储存起来以备后用，而不是用于消费。同样，因为许多资源采掘业由政府本身所有，政府可以利用其政策在资源采掘业和其他经济部门之间建立向前关联和向后关联。另外，政府可以对资源出口收税，并利用税收收入提供公共物品，例如投资于基础设施或者教育。因此，我们可以期望，只要政府的政策得当，丰沛的自然资源就能够显著地惠及经济的增长。当然，产生租金的自然资源并不必然导致政治问题。例如，挪威大量的石油出口已使得其政府的财源丰盈肥厚，但该国却与纷扰大多数石油出口的寻租、腐败和管理不善无缘。

二　发展多元化、分散式的经济模式

大力发展制造业和第三产业。实施产业多元化，避免产业结构单一化导致的"初级产品出口陷阱"，同时在资源繁荣期制定周全的产业政策以避免"荷兰病"效应和"飞地"现象。如马来西亚在工业化进程中就制定了减少对资源依赖的工业政策。根据东亚成功的经济发展经验，发展中国家要大力发展工业，尤其是制造业，特别是分散式（diffused type）的民营制造业而不是点源式的制造业，因为后者往往是资本密集型的，产品非贸易性、仅用于国内消费、需要公共补助，既没有竞争力也不能持久（Murshed，2001）。而民营性质的制造业在发展的初期阶段，通常是简单的、劳动密集型的产业，随后变成可贸易型的，这会逐步提升产业产品的螺旋上升的循环（Baldwin，1956）。关键是将点源式的资源型部门收益和分散式的制造业部门的培育联系起来，用资源型部门的收益提升公共基础设施水平、培育积累人力资本、加大科技研发投入力度等。如果新生的分散式制造业是有竞争力的，那么资源产业的繁荣就会对未来的经济增长和可持续经济发展提供强大动力。

三 改革政治体制，建立民主、责任型政府

民主的政治体制可以使国家获得广泛认可的规则体系和社会契约，利用这些规则和契约管理资源，并在不同社会阶层之间、资源型和制造产业之间、消费品与公共基础设施投资之间、人力资本培育与积累等领域进行合理分配；良好的社会契约对抑制机会主义行为如大范围的盗窃资源租金、平息公众不满是至关重要的（Findlay and Lundahl，1994）。民主的政治体制催生负责任的政府可以促进政策的合理设计，防止资源、领域的过度垄断、寻租和腐败（Grossman and Helpman，1991）。民主的社会更容易产生多数人做主的平民化社会和出现数量众多的平民企业家，与那些被极少数醉心于国家资源寻租的精英所掌控的国家相比，民主社会更有可能支持公共金融基础和人力资本的形成（Murshed，2001）。

第五节 本章小结

通过对国内外现有文献研究成果的整理，一方面了解现有的研究状况，另一方面指明了未来研究方向。从中可知以下几点：

第一，资源诅咒的解释理论，也就是传导机制研究所遵循的都是"自然资源→传导途径→经济增长"的路径，对本书具有较大的借鉴价值。在本书的分析过程中，所依循的路线也可以大致归纳为自然资源（资源开发或资源型产业）→基于的视角（双轨制体制、人力资本异质及投入和技术创新）→经济增长。

第二，在很多文献研究中，资源丰裕度的衡量指标是经验分析中的一个重要难题，为此，学者们引入了各种替代变量，包括初级产品的出口额

占国内生产总值（GDP）的比重（Sachs and Warner，1995）、人均耕地数量（Wood and Berger，1997）、初级产品部门的从业人员比例（Gylfason，1999）、能源储量（Stijns，2000）、资源租占 GDP 的比值（K. Hamilton，2003）、三种主要矿产资源的基础储量与全国的占比（徐康宁、韩剑，2005）、采掘业投资与全国的投资占比（徐康宁、王剑，2006；胡援成、肖德勇，2007）、基期资源开采收入与总收入的占比（邓可斌、丁菊红，2007）、五大能源工业的总产值占工业总产值的比重（邵帅、齐中英，2008）、人均原煤产量代表资源丰裕度和采矿业从业人数占全部从业人数代表资源产业依存度（邵帅、杨莉莉，2010）。虽然衡量资源丰裕度的方法存在较大差异，但研究结果绝大多数表明资源丰裕度与经济增长的负相关关系。为此，本书也做了多种统计，希望可以从不同角度来衡量资源丰裕度。

第三，资源诅咒的传导机制是资源诅咒假说理论研究的重点内容之一，也是解释资源诅咒现象的关键。现有的传导机制理论研究，还不能充分说明资源诅咒现象存在的前提和根本原因。尤其对于我国这样的一个发展中国家，自然资源是通过什么途径对区域经济增长产生作用，产生什么样的影响以及影响程度如何，显得更加复杂和多样，这都是将来可能实现理论创新和实证突破的地方。

第四，所有研究资源诅咒现象的核心问题和最终目的，就是寻找如何避免资源诅咒效应，或如何减轻其对经济增长的负面影响的方法和对策。尤其在我国转型处于关键时期，以能源、矿产为代表的自然资源供需"瓶颈"压力大，如何发挥它们对经济增长的促进作用，削减其对经济增长不利的负面影响，以实现资源收益分配的优化管理，对于促进地区经济社会的和谐发展，缩小区域经济发展差距具有巨大的政治和经济作用。

第三章　中国区域资源诅咒的内在机制理论分析及现状观察

　　研究中国的资源诅咒问题不能脱离中国经济发展和改革历程，尤其是20世纪80年代以来的社会主义社会建立和完善的经济背景。我国改革目标先后经历了从"计划经济为主、市场调节为辅"到"计划经济与市场调节相结合"，再到"社会主义市场经济"的逐步修改的过程。各种生产资料最初由国家统一定价、计划配置所需要的资源，到现在绝大部分由市场决定供需。相应的国有企业改革也已退居到上游资源产业，尤其是在我们所关注的能源资源领域。因此，我国的资源丰裕度与经济增长之间的关系，即资源诅咒现象既受到计划经济体制改革的波及，又受到市场经济发展的影响。对此较为经典的理论分析文献就是奥蒂（1993）关于政府对资源部门繁荣与衰落两个时候的工业经济政策的分析，戈登和尼里（1982）关于资源大开发随之而至的逆工业化发展的分析，即"荷兰病"效应。前者主要倾向政府政策作用，后者主要倾向市场经济机制。

　　但是，我国的资源诅咒问题并不是完全等同于上述两位学者所提出的资源诅咒的含义。西方学者的资源诅咒含义起源于"荷兰病"。简言之，就是资源部门"意外"的巨额收入被用来政府支出、公务员工资和福利、公共投资以及维护社会制度等。繁荣过后，失业率上升、收入增长率下降、经济系统难以维系、社会动荡等问题。这种"荷兰病"经济问题被类似的研究进一步延伸，资源诅咒的概念应运而生。而我国的资源诅咒问题与"荷兰病"既有共性，也有其独特性。其共性就是资源丰裕的地区经济增长并没有资源贫乏地区的迅速，存在一些收入增长率缓慢等经济问题；其独特性就是我国的资源诅咒的重要原因是资源产权的全民所有制，以及资源型国有企业在资源产业中的垄断地位和"资源租"的缺失，亦即"中国式资源诅咒"问题（陈仲常，2008）。本章将从我国的国情出发，从计划经济政策（偏向生产要素跨区域流动）和市场经济（偏向生产要素跨部门流动）两个方面，对我国资源诅咒问题内在机制进行理论层面的分析，然后，初步分析我国资源相对丰裕区域在经济增长过程中，在本书相关领域里已经存在的或正在出现的问题。

第一节　中国区域资源诅咒的市场经济内在机制分析

考虑到模型中有多个部门和每个部门中投入生产要素各异，土地是构成财富基本要素之一，本书沿用戈登和尼里（1982）的基本思路，在其基础上，构建了"三部门 + 三生产要素"的理论模型，进行一个区域内范围关于资源诅咒的市场经济内在机制的理论分析。

一　基本假设

为了分析起来简便，便于观察，本节设定使模型维度较低的前提条件：

第一，经济系统包括资源产业部门、制造业部门和服务业部门三个部门。后两个部门的产品价格由整个市场外在给定；资源部门的产品价格根据市场的供求关系灵活变动。各部门生产各自的产品，无联合生产的产品，无中间产品。

第二，生产要素使用假设：所有经济部门均使用劳动力生产要素；资源产业部门还使用资本要素和土地要素，制造业部门除劳动力之外的就只使用资本生产要素；服务业部门除了劳动力之外的只使用土地生产要素。亦即劳动力在三部门之间自由流动，资本仅在资源产业部门和制造业部门流动，土地生产要素流动较慢，在理论分析时假设不会在经济部门之间流动。同时也假设在三个经济部门中，制造业属于资本相对密集型产业，资源产业属于劳动相对密集型产业，服务业属于土地相对密集型产业。于是，整个经济系统中的市场要素关系如下：

$$L^s + L^n + L^m = L$$

$$K^m + K^n = K$$

$$T^s + T^n = T$$

其中，L 表示劳动力生产要素的总数量，K 表示资本生产要素的总数量，T 表示土地生产要素的总数量，s、n、m 分别表示服务业部门、资源产业部门和制造业部门。

第三，劳动力充分就业，劳动力的实际工资无刚性。

第四，技术进步符合一次性完成的希克斯（Hicks）中性改进。

第五，所有产品用于消费。

第六，三个部门的生产函数和单位产品成本函数分别假设如下：

$$X^n = F^n(K^n, L^n, T^n), \quad p^n = c^n(w^n, r^n, t^n) \tag{3.1}$$

$$X^s = F^s(L^s, T^s), \quad p^s = c^s(w^s, t^s) \tag{3.2}$$

$$X^m = F^m(K^m, L^m), \quad p^m = c^m(w^m, r^m) \tag{3.3}$$

其中，w、t 和 r 分别表示劳动力工资、土地回报率和资本的回报率；p 和 c 分别表示相对应部门的单位产品价格和产品成本；X 均表示相对应部门的产品产量；$F(\cdot)$ 表示相对应部门的生产函数。

二 理论分析

当生产要素市场出清时，$w^n = w^s = w^t = w$，$r^n = r^m = r$ 和 $t^n = t^m = t$。然后，由基本假设和谢泼德引理（Shepherd's lemma），可知：

$$\frac{\partial c^i}{\partial w}X^i = L^i, \quad (i = n, s, m)$$

$$\frac{\partial c^i}{\partial r}X^i = K^i, \quad (i = n, m)$$

$$\frac{\partial c^i}{\partial t}X^i = T^i, \quad (i = n, s)$$

所以，可知：

$$\frac{\partial c^n}{\partial w}X^n + \frac{\partial c^s}{\partial w}X^s + \frac{\partial c^m}{\partial w}X^m = L,$$

$$\frac{\partial c^n}{\partial t}X^n + \frac{\partial c^s}{\partial t}X^s = T,$$

$$\frac{\partial c^n}{\partial r}X^n + \frac{\partial c^m}{\partial r}X^m = K。$$

其中，$\frac{\partial c^i}{\partial j}$ 表示 i 行业 $j(j = w, r, t)$ 要素单位产品投入量。由于资本回报率最终会等于世界利率，不会受到劳动力或土地的供求状况影响，所以通过全微分式（3.1）和式（3.2），得到标准的 Stolper – Samuelson 定理[1]的结

---

[1] Stolper – Samuelson 定理是赫克歇尔—俄林（Heckscher – Ohlin）贸易理论当中的一个基本定理。基本内容是，在一些经济学假设下，一个商品的相对价格上升将导致生产那种商品使用最密集的生产要素的回报率上升；相反，其他生产要素的回报率下降。详见 W. F. Stolper 和 P. A. Samuelson, Protection and Real Wages, *Review of Economic Studies*, 1941, 9（1），pp. 58 – 73。

论：

$$\hat{w} = \theta_w^n \hat{P}^n \tag{3.4}$$

$$\hat{t} = -\theta_t^n \hat{p}^n \tag{3.5}$$

其中，符号^表示对应变量的相对瞬时变化率，如 $\hat{w} \equiv d\ln w$；$\theta_j^n (j = w, t)$ 表示资源产业部门中 j 回报率在总成本中的比重。式（3.4）和式（3.5），表明资源产业部门为劳动力密集型产业和服务业部门为土地密集型产业的行业特征假定得以被描述。说明如果资源产业部门的产品价格上升，资源产业部门的劳动力的工资上升，而土地回报率下降。

然后，对 $\dfrac{\dfrac{\partial c^n}{\partial r}}{\dfrac{\partial c^n}{\partial t}} = K^n / T^n$ 进行取对数：

$$\ln \frac{\partial c^n}{\partial r} - \ln \frac{\partial c^n}{\partial t} = \ln K^n - \ln T^n$$

因为土地生产要素不流动，T^n 被假设为常数。上式两边全微分后，除以资源产业部门产品价格，变形可得到：

$$(\varepsilon_{rt}^n - \varepsilon_{tt}^n)\hat{t} = \hat{K}^n \tag{3.6}$$

其中，$\varepsilon_{jt}^n (j = r, t)$ 表示资源产业部门产品价格对生产要素 j 回报率的弹性。与常用的弹性含义类似，自身价格需求弹性符号为负，而交叉价格需求弹性符号未知，其取决于两种要素之间是互补性，还是替代性。

同理，当劳动力生产要素市场出清时，对劳动力总量表达式变型，可得：

$$\frac{\partial c^n / \partial w}{\partial c^n / \partial t} T^n + \frac{\partial c^s / \partial w}{\partial c^s / \partial t} T^s + \frac{\partial c^m / \partial w}{\partial c^m / \partial r} K^m = L$$

又因为土地要素总量和劳动力总量固定的假设前提，上式两微分后，除以资源产业部门产品价格，变形可得到：

$$(\varepsilon_{wt}^n - \varepsilon_{tt}^n)\hat{t} L^n = -\hat{K}^m L^m \tag{3.7}$$

因此，根据式（3.5）、式（3.6）和式（3.7）得到：

$$\hat{K}^n = -(\varepsilon_{rt}^n - \varepsilon_{tt}^n)\theta_t^n \hat{p}^n, \tag{3.8}$$

$$\hat{K}^m = \frac{(\varepsilon_{wt}^n - \varepsilon_{tt}^n)\theta_t^n L^n}{L^m}\hat{p}^n。 \tag{3.9}$$

可见，在式（3.8）中，当 $\varepsilon_{rt}^{n} - \varepsilon_{u}^{n} < 0$[①] 时，资源部门产品价格上升时，资本将流入资源产业部门。在式（3.9）中，根据假设资源产业部门是劳动力密集型产业，说明劳动力要素回报率变化的弹性绝对值要大于土地要素的绝对值，因此，从符号来看，$\varepsilon_{wt}^{n} - \varepsilon_{u}^{n} < 0$。由此可知，随着资源部门产品的价格上升，资本流出制造业部门。

再由工业部门生产函数 $X^{m} = F^{m}（K^{m}，L^{m}）$，$\dfrac{\partial c^{m}}{\partial w} X^{m} = L^{m}$ 和 $\dfrac{\partial c^{m}}{\partial r} X^{m} = K^{m}$，可知：

$$\hat{L}^{m} = -\beta \hat{p}^{n} \tag{3.10}$$

$$\hat{X}^{m} = \hat{K}^{m} \tag{3.11}$$

其中，式（10），$\beta = \dfrac{\theta_{t}^{s} \theta_{w}^{s} \varepsilon^{m}}{\theta_{r}^{m}}$，$\varepsilon^{m}$ 为制造业部门资本与劳动力要素的需求交叉弹性，通常被认为是替代关系，故符号为正。所以，资源产业部门的产品价格上升趋向也会导致制造业的劳动力流失。式（3.11）表明，制造业部门产品产量变动程度与其资本要素变动的相同，随着资源产品价格上升而下降。

结论1：在三部门经济中，随着资源产业部门产品价格的上升，吸引了制造业部门的两大关键生产要素，即劳动力和资本。致使作为社会经济基础的制造业部门总产出下降，存在资源产业部门繁荣去工业化的内在机制作用。

由 $\dfrac{\partial c^{n}}{\partial r} X^{n} = K^{n}$，两边取对数，可得：

$$\ln X^{n} = \ln K^{n} - \ln \dfrac{\partial c^{n}}{\partial r}$$

对上式全微分，把式（3.6）代入，可得：

$$\hat{X}^{n} = \hat{K}^{n} - \varepsilon_{rt}^{n} \hat{t} = -\varepsilon_{u}^{n} \theta_{t}^{n} \hat{p}^{n} \tag{3.12}$$

同理，由 $\dfrac{\partial c^{s}}{\partial t} X^{s} = T^{s}$，取对数及全微分，把式（3.6）代入，整理可得：

---

① 多数学者认为（姚洋，1998；王德文，2004 等），尤其在发展中国家，资本密集度达到一定程度之前，资本要素产出（或交叉）弹性（绝对值）大于劳动力要素和土地要素的产出弹性（绝对值）。同样，在竞争市场中，越稀缺的资源回报率越高，而本节三部门的要素密集型相对差异的假设恰好反映了该部门资源稀缺偏向。

$$\hat{X}^s = \theta_t^n \varepsilon_u^s \hat{p}^n \qquad (3.13)$$

最后，社会总产量 Y 的变动趋向，由式（3.11）、式（3.12）和式（3.13）可得：

$$\hat{Y} = \hat{X}^n + \hat{X}^s + \hat{X}^m = \left[\underbrace{(\varepsilon_{wt}^n - \varepsilon_{tt}^n)}_{-} \frac{L^n}{L^m} + \underbrace{(\varepsilon_{tt}^s - \varepsilon_{tt}^n)}_{-} \right] \theta_t^n \hat{p}^n \qquad (3.14)$$

式（3.14）中，由于服务业部门被假设为土地相对密集的行业，当资源产业产品价格的相同变动时，服务业部门的土地回报率变动的绝对值要大于其他两个部门土地回报率的变动程度，所以从符号来看，$\varepsilon_u^s - \varepsilon_u^n < 0$。因此，我们可知资源产品价格上升时，社会总产出将会下降，社会总福利减少。

结论2：随着资源产业部门产品价格的上升，资源部门产品产量上升，制造业部门产品产量下降，服务业部门产品产量下降。总体上，社会总产量下降，出现资源诅咒的经济现象。

由此看来，当自然资源丰富的地区受市场需求增大导致产品的价格上涨时，资源产业部门的繁荣会"挤入"劳动力和资本生产要素，而作为国民经济基础的制造业部门则会流失该两种生产要素，部门的总产出就会随之下降，从竞争的市场经济角度来看，存在一定程度的去工业化现象。从社会产出来看，资源部门产出上升，而制造业部门和服务业部门的产出下降，说明资源产业部门收入增加伴随着其他部门生产的缩减，甚至是社会总产量下降，出现了资源诅咒的经济问题。

第二节　中国区域资源诅咒的计划政策内在机制分析

我国的改革路径是从力图改善国有部门绩效开始的，改革被视为在计划体制和国有部门内部"引进"市场作用的过程。在不断的经济改革过程中，最具有普遍性、最自然也最独特的发展改革方式便是双轨制。双轨制虽然最初出现在价格改革领域，但是，我国还有很多领域的改革方式都具有"双轨过渡"特征（张军，2006）。显然，双轨制也不可避免地会影响资源丰裕地区的经济发展进程，政府政策的差异在很长的一段时间内成为决定地区差异的重要因素（金煜、陈钊等，2006）。本节将基于 Murphy、Shleifer 和 Vishny（1992）的局部改革理论模型，结合我国生产资料市场的现实情况（如今的价格双轨制是上游资源产业由国家控制定价），构建价格改革对自然资源丰裕地区与自然资源贫乏地区影响的理论框架，来说明我国价格双轨制体制对自然资源禀赋不同地区的经济发展是否有影响，然后，从新经济地理学的角度，定性解释局部改革所造成的经济现象原因。

一　基本假设

为简便起见，我们在考察生产资料市场中，如煤炭、原油和天然气等能源市场的需求者按来源分为两类，一类是能源资源出产地的生产部门，该地区的能源资源比较丰富；另一类是能源资源的非出产地生产部门，此类地区的资源比较贫乏，所需资源是从出产地购入。然后，对这样的分类从价格控制上加以定义，前者包括那些在财务上受到严格控制的上游资源生产部门，不断受上级主管部门严格监督；后者包括由于经济改革，可以突破或者逃避国家计划控制和价格控制的生产部门。这种分类在范围上相当宽泛。改革前，两地的资源由国家统一定价，计划配置所需的资源。假设改革后，那些资源并不丰裕的沿海城市里的生产部门可以以自己愿意的价格从能源市场购得所需的资源，而资源丰裕的出产地的生产部门仍以计划价格购入。我们感兴趣的是局部的价格改革给两地生产部门带来什么影响？关于能源资源的配置，我们有以下几个假定：

假定1：改革前，能源的价格 P 小于市场出清价格 P^*，即由计划额度配置，符合多数中央计划经济国家的事实；能源在两地生产部门的计划配置是有效的，即两地的边际估价相等，都等于 P^*，而且在 P^* 下的总需求等于市场在计划价格下总供给。

假定2：能源市场按其供给曲线 $S = S(P)$ 进行生产，D 为市场需求曲线；还假定能源丰裕地区生产部门 D_1 需求曲线比能源贫乏地区生产部门 D_2 曲线陡峭，因为资源丰裕地区生产部门对资源的需求弹性比资源贫乏地区生产部门的要小：其一，历史原因，资源贫乏地区的生产部门大多属于较少资本和较少互补性的生产要素的行业；其二，资源丰裕地区生产部门拥有较多的固定资产，一旦形成，对各种投入品的需求弹性就很小，类似于"船大难掉头"。这种弹性差别导致局部改革以后资源配置的无效率状态。

假定3：改革后，资源丰裕地区的生产部门由于国家的价格放松滞后和财务上约束无法叫出比 P 高的价格，而资源贫乏地区的生产部门（主要集中在沿海地区）却可以做到。

二　理论推演

改革前的资源配置情况如图 3 - 1 所示。

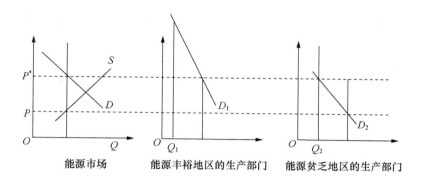

图 3 - 1　改革前的计划配置情况

图 3 - 1 中，D 线表示能源市场的总需求曲线，S 线表示能源市场的总供给曲线，D_1、D_2 分别表示两地区生产部门的需求曲线，这些需求曲线同样表示了不同地区的生产部门对能源的边际评价。初始配置下，能源市场为两地区的生产部门供给 Q_1 和 Q_2，单位价格为 P，其总供给是能源市场在价格 P 时的总产出。

当局部改革允许能源贫乏地区且有一定经济能力的生产部门从能源市场以更加灵活的价格购得所需资源的时候，能源供给"流失效应"[1] 产生了。能源丰裕地区仍面临的价格控制的约束，而能源贫乏地区则可以出略高于 P 的价格购得所需的全部能源，对于在这里总产量不变的情况下，能源丰裕地区所得到的资源只是在价格 P 下的总供给减去能源贫乏地区的需求量之后的剩余。所以，均衡时，能源贫乏地区的生产部门得到了它所需的所有资源而不断扩展；反之，能源丰裕地区由于不能得到必需的投入品而导致产出下降。

图 3 - 2 显示了价格改革后能源资源配置的情况。Δ 表示能源资源要素的流动量，Q_1、Q_2 分别表示改革后均衡时的需求量，阴影面积 A 表示

---

[1]　张军：《双轨制经济学》，上海人民出版社 2006 年版，第 175 页。

能源丰裕地区由于所得资源突降和边际估价猛增，损失的消费者剩余；阴影面积 B 表示由于计划价格 P 偏低而损失的剩余；阴影面积 C 表示能源贫乏地区增加的消费者剩余，阴影面积 E 等于 B 减去 C，所以局部社会总福利的净损失相当于 A 与 B 之和减去 C，亦即 A 和 E 的面积之和。导致损失的根本原因在于改革前后，两地区对能源资源的边际估计发生了很大的差距，显然，这样的配置缺乏效率，在模型中，局部改革使得资源由高边际效用的生产部门向低边际效用的生产部门转移，因而减少了社会总福利，使资源丰裕地区经济发展反而比资源贫乏地区慢，出现了资源诅咒问题。

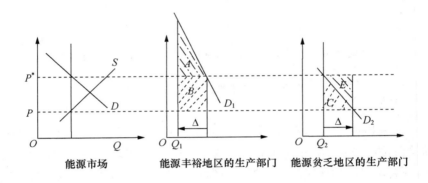

图 3 - 2　局部价格控制与能源资源要素流动

那么，何时社会福利损失最大？从图 3 - 2 看，就是 $(A + E)$ 的面积和最大。首先，能源资源贫乏地区的生产部门对能源资源的需求弹性越大，则由能源资源丰裕地区部门转移到贫乏地区部门的能源资源就越多，社会福利损失就越大；其次，能源资源丰裕地区对资源需求的弹性越小，能源资源供应减少以后，所造成的消费者剩余的损失越大。不幸的是，资源丰裕地区的生产部门对资源的需求弹性较小，而资源贫乏地区的生产部门对资源的需求弹性较大。资源丰裕地区的生产部门多为早期就近投资的资源型产业，缺乏"向前"或"向后"产业的联系效应以及低效率的经济外部性，拥有较多的固定资产，需要众多的其他互补性投入品，一旦固定资产已经形成，其他互补性投入品已经购入，对于其他投入品的需求弹性就很小，可谓"船大难掉头"。而资源贫乏地区的生产部门对投入品的需求弹性有较大，由于经济环境较为宽松，其部门进入的领域大多是需要较少资本与其互补性的投入行业，尤其是需要更为稀缺资源原料的行业，因为它有着发挥定价优势的余地。这种两地生产部门之间存在的弹性差别导致了局部改革以后资源配置的无效率状态。

所以，从局部改革理论模型推导来看，当施行市场价格、计划价格并存的改革时候，资源要素为了寻求最佳配置而开始流动。结果导致资源丰裕的地区经济发展会相对萎缩，而资源贫乏的地区经济发展趋于繁荣。总体来看，社会总福利会减少。[①] 传统的区位理论无法解释这种现象。它认为，良好的地理环境和丰裕的自然禀赋能造就较高的经济发展程度。但是，无法解释为什么有些地区并不具备这样的条件而经济却较为发达。新经济地理理论[②]为此提供了突破口。

简言之，以克鲁格曼（1991）为代表的新经济地理学，就是在除去自然禀赋相关变量之后，去研究经济活动在后天条件里的空间分散和集聚，这种空间经济结构的变迁是"向心力"与"离心力"共同作用、动态均衡的结果，最终空间分布取决于这两种力量的相互作用。其中，向心力包括"向前"和"向后"的产业联系效应、知识和技术的外溢、本地市场效应等，是经济活动在某一区域聚集的正向引力；离心力包括市场竞争程度、产业拥挤成本，以及部分要素的非流动性等。对我国30多年改革历程而言，政府政策在很大程度上导致上述力量的此消彼长，影响经济活动的空间布局。比如，我国户籍制度是典型的"部分要素的非流动性"政策力量；很多企业聚集在开发区目的是为了"政策租"，集聚的企业没有显著外部经济性（郑江淮，2008）等。由于我国西部地区自然资源比较丰裕、区域流动的运输成本较高，以及资源价格由国家统一计划配置的早期产业经济政策等，资源型产业的向心力大于离心力，产生了较高程度的空间集聚效应，由此形成了大量的固定资产。改革时，自然资源相对贫乏的东部地区获得了更多的优惠政策，比如放宽对非公经济的限制，率先设立经济特区等，较优质的生产要素开始大规模地流向东部沿海地区，东部的经济迅速发展产生了巨大的资源矿产等供应"瓶颈"。在20世纪末

---

① 当然，如果除了能源资源，其他的生产要素都向能源资源贫乏的地区转移，加以政策、对外开发等刺激，对整个社会经济而言，总福利不会比局部改革导致下降。

② 具体内容详见保罗·克鲁格曼（Paul Krugman，1991）的《收益递增与经济地理》等相关著作。

期，国家开始对中部、西部地区实行资源开发项目的倾斜政策，① 又由于资源产业部门对本地资源需求弹性较小，对人力资本和生产技术的要求较低等原因。结果，西部部分地区的上游资源型产业进一步集聚（在第六章将进一步分析），给相关产业带来不可避免的冲击，延缓了该地区经济发展的工业基础的完善，极大地抑制了当地经济的发展。而其他类型的大多数较为先进的工业制造业不断集聚在东部地区，导致要素资源价格的下降，使得厂商利润空间扩大，然后进一步地加大投入，从而形成了一个正向的积累循环，大大地促进了当地的经济发展。最终，造成了如今国内区域经济差距不断加大的局面。

第三节　中国区域资源诅咒参与者
得利博弈机制分析

目前，我国大量的资源收益留存在国有企业内部，并非就一定无法支撑其他地区，如西部地区的经济增长。因为如果这些资源收益被用于西部地区的投资、消费，并且国有企业因此为西部地区提供相当多的就业岗位，那么资源收益留在国有企业和西部经济增长之间的矛盾就会缓解很多。但是，根据委托—代理理论，在现有的制度条件下，我国的矿产资源实际上处于"所有者缺位"状态，于是矿产资源被任期有限的"代理人"和"内部人"控制。"国家所有"在某种程度上就被"内部代理人"架空为"概念"，从而面向东部市场的产业链延伸与国有企业的 X—非效率几乎无法避免。其中国有企业的 X—非效率指的是资源型国有企业由于脱离竞争压力而引起的费用增加与效率衰减。下面本书将通过构建一个国家、资源国有企业、企业员工的三方博弈模型来说明。

一　基本假设

博弈论是关于策略互相依存的参与人之间，在考虑其他博弈人策略的前提下，采取理性行为的理论与方法。我们需要说明的问题是资源国有企业、企业员工在国家现有约束下，进行收益和风险权衡后采取的策略组合，适合于用博弈论模型分析。

---

① 详见人民网，http://www.people.com.cn/zcxx/1999/06/061003.html。

博弈参与方包括国家、资源国有企业、企业员工。其中，国家是人民意志的代表，由人民代表大会、纪检、监察等机构体现。国家与其他两者的关系是非合作博弈，并以一定的概率 θ 对其不符合国家意志的行为进行监督和管理。国家在此处的意志依据公平原则和"先富带动后富"原则，假定将留存企业的西部资源收益都用于西部的经济增长。资源国有企业由企业领导者、管理层体现，其意志假定为希望本企业利益最大化，视国家治理力度来决定是否违反国家意志。企业员工是一个集体概念，其依然符合理性人假设，视国家治理力度来决定是否避免 X—非效率，例如，视国家治理力度来决定是否浪费或私自瓜分留存企业的资源收益。同时，资源企业和企业员工如果试图违反国家意志必须勾结起来，也即资源国有企业为了违反国家意志就必须容忍企业员工造成的 X—非效率。为了模型的可解与简洁，此处不考虑资源国有企业和企业员工廉洁自律的作用。

国家对于资源国有企业和企业员工是否违反国家意志有治理和不治理两种策略。治理有效的概率为 r，资源国有企业和企业员工进行寻租活动的概率为 β。

资源国有企业和企业员工都有违反国家意志和不违反国家意志两种策略。p 为资源国有企业违反国家意志的收益，例如，将资源收益用于东部地区产业链延伸的投资，这种面向市场的投资有益于企业自身的利益最大化却对西部地区经济增长无益。c_1 为资源国有企业 X—非效率给企业员工带来的收益，例如将留存企业的资源收益用作员工福利。国家检查到资源国有企业违反国家意志行为后，对资源型国有企业的惩罚为 mp，m 为惩罚因子；c_2 为国家对违反国家意志的企业员工的惩罚；d 为由于资源国有企业和企业员工违反国家意志所导致的社会整体福利的损失，例如X—非效率造成的浪费。这里，假定违反国家意志必然导致社会福利损失。

资源企业和企业员工违反国家意志而国家不进行治理时，资源企业、企业员工和国家的三方得益为 $p-c_1$、c_1、$-d$。

资源企业和企业员工违反国家意志，国家进行治理所发生的费用为 g。治理有效，三方得益为 $p-c_1-mp$、$-nc_1$、$-d+mp+nc_1-g$；若治理无效，三方得益为 $p-c_1$、c_1、$-d-g$。

资源企业和企业员工不违反国家意志，国家进行治理，三方得益为 0、0、$-g$。

资源企业和企业员工不违反国家意志，国家也不进行治理，三方得益为 0、0、0。

二　理论推导

根据三方博弈假设条件得到静态博弈得益模型如表 3 - 1 所示。

表 3 - 1　　　　　　　　　　　　静态博弈得益模型

	国家		
	治理		不治理（1 - θ）
	有效（r）	无效（1 - r）	
资源型国有企业与企业员工　违反国家意志（β）	$p - c_1 - mp$ $- nc_1$ $- d + mp + nc_1 - g$	$p - c_1$ c_1 $- d - g$	$p - c_1$ c_1 $- d$
不违反国家意志（1 - β）	0 0 $- g$	0 0 $- g$	0 0 0

注：矩阵中第一行数据为矿主寻租时的得益；第二行数据为官员寻租时的得益；第三行数据为国家的得益。

根据三方博弈条件，违反国家意志发生的概率为 β 情况下，国家进行治理或不治理的期望收益分别为：

$$E_1 = \beta [(- d + mp + nc_1 - g) r + (1 - r) (- d - g)] + (1 - \beta) [r (- g) + (1 - r) (- g)]$$

$$E_2 = \beta (- d)$$

资源国有企业和企业员工在选择违反国家意志或不违反国家意志时，应使国家采取治理或不治理所得到的期望收益相等，即 $E_1 = E_2$，解得资源国有企业和企业员工采取违反国家意志策略的最佳概率为：

$$\beta^* = \frac{g}{(mp + c_2) r}$$

当国家对违反其意志的行为以概率 θ 进行治理时，资源国有企业违反和不违反的期望收益分别为：

$$E_3 = \theta [p - c_1 - mp) r + (1 - r) (p - c_1)] + (1 - \theta) (p - c_1)$$

$$E_4 = 0$$

由 $E_3 = E_4$，可得到资源国有企业在博弈均衡时，国家进行治理的最佳概率：

$$\theta_1^* = \frac{c_1 - p}{mpr}$$

当国家对违反其意志的行为以概率 θ 进行治理时，企业员工违反和不违反的期望收益分别为：

$$E_5 = \theta\left[-c_2 r + (1-r)c_1\right] + (1-\theta)c_1$$

$$E_6 = 0$$

由 $E_5 = E_6$，可得到企业员工在博弈均衡时，国家进行治理的最佳概率：

$$\theta_2^* = \frac{c_1}{(c_1 + c_2)\ r} = \frac{1}{(1+k)\ r}$$

记 $k = \dfrac{c_2}{c_1}$，表示国家在发现企业员工违反其意志后对企业员工的惩罚因子。

综上所述，博弈混合策略纳什均衡解为：

$$\{\beta^*, \theta_1^*\} = \left\{\frac{g}{(mp + c_2)r}, \frac{c_1 - p}{mpr}\right\}, \{\beta^*, \theta_2^*\} = \left\{\frac{g}{(mp + c_2)r}, \frac{1}{(1+k)r}\right\}$$

在上述三方博弈模型中，通过混合战略纳什均衡解可以知道，资源国有企业和企业员工将选择 β^* 的概率来违反国家意志并取得额外收益。若双方寻租概率 $\beta > \beta^*$，国家的最优选择是加强对二者的治理；若 $\beta < \beta^*$，国家监督力度应减弱；若 $\beta = \beta^*$，国家的监督随机。违反国家意志的概率 β^* 受 g、m、p、c_2 和 r 影响。其中，p 是国家进行治理时不能控制的。违反国家意志的最有概率 β^* 与国家的监管成本 g 成正比，同 m、c_2、r 成反比，而在现实中监督成本 g 无法降到 0，治理效率 r 无法达到 1，同时对违反意志双方的处罚强度 m 和 c_2 由于种种原因也偏弱，故而违反国家意志的行为在现有制度条件下无法根除并且发生概率偏高，也即资源国有企业中的 X—非效率相当严重，且产业链延伸产生的投资也更多地投在面向市场的东部，留存企业的西部资源收益不能有效地支持西部经济发展。

从国家角度说，是否选择对违反其意志的行为进行治理，取决于国家对这个问题危害性的认识，亦即国家是否认为西部的资源收益应主要用于支持西部经济增长。若国家首先选择对资源国有企业进行治理，以使得资源国有企业将留存企业的西部资源收益主要投资于西部，而非为了自身企业利益最大化投资于其他地方，则治理的最有概率为 $\theta^* = \dfrac{c_1 - p}{mpr}$。若

$\theta > \theta_1^*$，则资源国有企业将资源收益投资他处的可能性小；若 $\theta < \theta_1^*$，则资源国有企业将资源收益投资西部的可能性小；对于国家而言，c_1 和 p 是不可控的，而 m 和 r 是可控的。所以问题的关键依然是，现有制度安排下，国家是否认为西部的资源收益应主要用于支持西部经济发展，若认为是，则应加大对资源国有企业违反国家意志的惩罚力度即加大 m，同时提高治理工作效率 r，从而降低 θ_1^*。

若国家首先从治理资源国有企业 X—非效率着手，国家对违反其意志的行为进行治理的最有概率为 $\theta_2^* = \dfrac{1}{(1+k)} * \dfrac{}{r}*$，若 $\theta > \theta_2^*$，企业员工将不会违反国家意志；若 $\theta < \theta_2^*$，企业员工违反国家意志的可能性很大。同样，若国家认为西部资源收益应主要用于支持西部经济发展，应加大惩罚因子 k，提高治理工作效率 r，从而降低 θ_2^*。

进一步研究可发现，当国家为了遏制违反其意志的行为而加重对资源国有企业惩罚时，在企业员工同样的混合博弈下，会使资源国有企业的净收益为负值，资源国有企业将不谋求违反国家意志并对企业员工妥协，其效果是起到了抑制违反国家意志行为的作用。但是这并不能抑制企业员工违反国家意志的欲望，企业员工可能用各种手段难为资源国有企业，以获得企业 X—非效率带来的收益。所以，国家如果想抑制违反其意志的行为，加重对 X—非效率的惩罚比加重对国有企业自身实现利益最大化的惩罚更有效。

从博弈混合战略纳什均衡 $\{\beta^*, \theta_1^*\}$，$\{\beta^*, \theta_2^*\}$ 可知，国家要有效地治理对其意志违反的行为，不仅要加大治理力度 r，还要配合 m、k（此处体现为国家对资源国有企业及其员工的惩罚力度）才能有效。

本模型是静态模型，且对资源国有企业及其员工在违反国家意志的行为中被查处的损失假定为 c_2。但实际上，对很多资源国有企业的管理者和员工来说，撤职、法办等精神损失是非常大的。不过精神损失的量化非常困难，勉强可以通过提高 c_2 值来部分反映。

至此，本节从资源获得参与者博弈角度解释中国独特的资源诅咒的发生机理。首先分析了中国资源产业多为国有企业垄断的特点；之后分析了在现有制度安排下，大量的资源收益被留存至资源国有企业内部，资源收益留存资源国有企业内部并不一定就不能有效支撑西部经济发展，所以最后通过建立一个国家、资源国有企业及其员工的三方博弈模型，证明在现有制度安排下，资源国有企业必然存在 X—非效率，且资源国有企业出于自身利益最大化考虑，其产业链延伸的投资将更多投在面向市场的东部，其全国范围内的招工模式也无法为西部地区创造足够多的就业岗位，从而留存于资源国有企业内部的西部资源收益无法有效支持西部地区的经济发展，这也是造成中国省际层面可能存在资源诅咒现象的一个重要的学术理论方面的原因。

第四节　中国区域资源诅咒主要问题的现状观察及部分案例

从总量来看，中国是个资源大国，但资源的区域分布极其不均衡，表现在中部、西部部分地区资源分布相对丰裕，而东部沿海大部分地区资源贫乏。就自然资源对经济增长的作用来看，尽管能源资源、矿产资源等一直是西部经济发展的主要推动力量、收税的重要来源，但是，中部、西部地区的经济增长大大落后于资源贫乏的东部多数沿海省份，尤其自西部大开发以来，随着资源的不断开采，许多资源丰裕地区不是越来越富裕，反而相对于东部越来越穷，收入、消费等差距越来越大，资源地区的资源优势没有转化成为经济优势。我国共有资源型城市 118 个，截至 2011 年年底，其中 69 个被国务院认定为资源枯竭型城市，大部分地处中部、西部区域，这是典型的资源诅咒的后果。表面上这些地区失去了可持续发展的经济支撑，大量的沉淀成本导致诸多的产业问题，出现了经济结构失衡、失业和贫困人口较多、生态环境破坏严重等尖锐问题。在我国整体经济高速增长时期，为什么出现了一定程度上的资源诅咒现象呢？本书认为，体制问题是资源丰裕地区资源开发减缓经济增长（即资源诅咒现象）的重要原因，还不断出现人力资本流失、产业结构问题、生态环境问题等，为摆脱"诅咒"的困境增加了更大的障碍。下面，本书将从这几个方面简要介绍我国资源丰裕地区资源开发对经济增长影响过程中出现的主要问题的现状及原因。

一　现状观察

（一）体制问题

我国的资源产权归国家所有，但是，孟昌（2003）认为，我国的矿产资源国家所有产权制度是一种缺乏明确的人格化的产权，即公有制基础上的委托—代理关系。明显区别于私有制基础上的委托—代理关系，后者具有有效的激励约束机制，前者则不然。在我国资源产权的实际操作中，具体由政府监管，企业、事业单位或个人成了矿产资源的经营使用者。如图 3 – 3 所示。

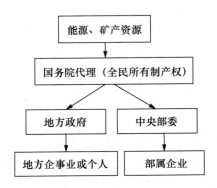

图 3 – 3　我国资源产权公有制委托—代理关系

能源矿产资源产权制度的公有制委托—代理关系使所有者与经营者职能发生分离，张维迎（1995）从一般原理的角度论证了其低效率性质。[①]资源收益理论上属于全民所有，但它们没有支配、转让等产权制度中所应有的权力，地方政府或部委的代理，像是某种"政府产权"，这样就难以形成产权的基本经济功能——有效地激励机制、约束机制、优化配置、降低成本等。国家的资源租金最大化与社会产出最大化两个目标经常冲突，即"国家悖论"（North，1990）在资源产权中得到充分表现。从而，资源产权纯粹的国有制并不利于经济增长。

此外，我国资源产权国有还使得资源丰裕地区价值转移缺乏有效补偿制度。自然资源国有产权地位决定了资源缺乏自由交易与流通的市场经济活动。新中国成立初期的资源开发就近资源地的配置，减少了运行上的初始成本，也埋下资源产品低价的制度根源。改革开放后，价格逐

---

①　张维迎（1995）研究认为，公有化程度的提高与公有经济规模的扩大会导致委托—代理层次的增加，从而拉大初始委托人与最终代理人之间的距离，使得监管变得更加缺乏效率，而加入一定程度的私有成分的代理人是对纯粹公有经济的一种帕累托改进。

渐由市场决定，但资源市场交易在很长时期里被单一的产权和计划协调替代，即便是现在的生产资料领域仍很大程度上被干涉。随着资源不断开发，成本增加，资源价格体系日趋扭曲，就出现了当前我国资源相对丰裕的中部、西部部分地区面临的"资源丰裕、经济贫困"的窘况。地方政府对矿业国有企业的利税留成较低，导致其财政积累较弱，没有财力投资和发展新兴产业，更难以"筑巢引凤"。表3－2为我国资源税额，现实是我国资源税从计征日开始税率一直很低，与发达国家相比，我国资源税率还不到发达国家的1/30。2005年，虽然国家对资源税率进行了微调，但相对于石油和天然气价格的变化，如此低的资源税率与之上涨幅度很不协调。而且，政府宏观层面还未形成有效的资源补偿机制，更不用说一些公有资产市场化的运作措施，比如由资源收入投资的各种基金等。另外，因为绝大多数资源型企业执行国有企业内部管理，地方政府没有相对应的能力与资格协调多方利益、无法统筹使用各种资源促进产业结构升级与转型，从而制约了资源相对丰裕地的经济增长。

表3－2　　　　　　　　　　我国部分资源税额情况

资源品种	税　额
原　油	8—30元/吨
天然气	2—15元/千立方米
煤炭	0.3—5元/吨
其他非金属矿原矿	0.5—20元/吨或立方米
黑色金属矿原矿	2—30元/吨
有色金属矿原矿	0.4—30元/吨
盐：固体盐	10—60元/吨
液体盐	2—10元/吨

资料来源：摘自我国《资源税税目税额明细表》。

（二）产业结构问题

本节所说的产业结构问题，主要是指部分省区的资源丰裕给经济增长带来负面影响过程中出现的产业结构问题。

第一，资源相对丰裕地区的产业经济结构失衡问题更为严重。能源、矿产采掘业与原材料加工业工业总产值在工业中比重不断上升①，到2009年中西部地区的部分城市已经超过60%；国有工业经济比重过高，私营经济比重增长缓慢，到2009年这些省区的私营经济比重仍没超过工业总产值的1/5。具体如表3-3和图3-4所示。这些地区的工业产值主要还是由能源、矿产相关产业为主，资源较丰裕的地区更有愈演愈烈的趋势，资源开发产值在工业中占比平均超过50%。相应的，资源较丰裕地区的国有经济成分，比资源贫乏的东部沿海区域高得多，资源较丰裕地区的国有经济从业人员比重下降也慢得多，私营经济的从业情况也比东部沿海较少，如图3-4所示。

表3-3　　　　　　　资源贫富地区开发产值比重变化情况　　　　　单位:%

年份	1994	1997	2001	2005	2007	2009
东部沿海	8.98	8.07	10.34	11.89	12.89	10.94
中西部	40.66	40.50	46.03	54.24	65.12	63.88

资料来源：历年《中国工业经济统计年鉴》，资源开发的产值比重由能源、矿产采掘业和原材料加工业的工业总产值之和除以整个工业总产值而来。为便于突出问题，选取江苏、上海、浙江和福建四省作为资源较贫乏东部沿海地区的代表，中西部选取了资源较丰裕的山西、内蒙古、陕西、甘肃、宁夏和新疆六省区，下同。

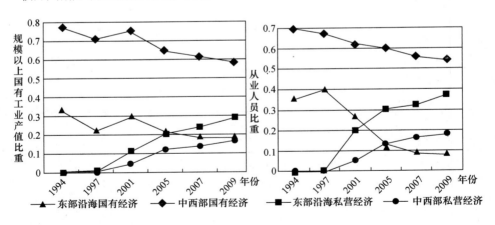

图3-4　国有和私营工业经济产值及从业人员比重变化情况

① 采掘业和原材料工业所包括的产业与第六章相同，前者有煤炭开采和洗选业、石油和天然气开采业、黑色金属矿采选业和有色金属矿采选业；原材料工业有黑色金属冶炼及压延加工业、有色金属冶炼及压延加工业和石油加工、炼焦和核燃料加工业。

从图3-4可知，近二十年来，资源丰裕地区的私营经济不发达、发展缓慢，吸纳就业能力很弱，明显受到制约。另外，产业经济结构、所有制结构、劳动力从业结构过于单一等，这些问题并不利于市场经济建设和完善，与现代社会的经济增长模式相悖。

第二，资源丰裕地区在长期经济增长过程中，以上游能源、原材料产业为主，易导致"荷兰病"问题的发生，就我国而言，产业结构升级是缓解它的有效"良方"。

一方面，资源工业支撑着工业产值迅速增加，比如山西省在2009年，能源型产业的工业产值已占工业总产值的70%。而另一方面其他产业明显处于下降趋势，如图3-5所示西部部分省区的资源开发产值占工业总值比重及制造业产值占工业总值的比重变化情况，可以看出，这些省区的能源矿产开发产值比重在逐年增加；相反，制造业产值比重（非整个工业产值）则有减少的趋势，2009年以后有所回升。这个事实在一定程度上验证了在我国部分地区存在"荷兰病"问题的一些特征。①

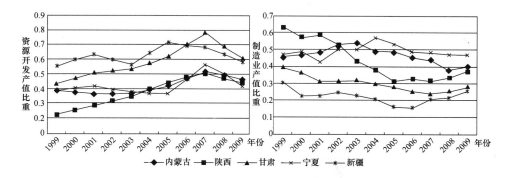

图3-5　西部部分省区的资源开发产值占工业总值比重
与制造业产值占工业总值比重变化情况

资料来源：历年《中国工业经济统计年鉴》。

部分省区制造业产值比重下滑的原因是产业升级的短期现象。过去几十年，资源丰裕的中西部地区的重工业产值比重仍维持在85%左右的高位，产业结构升级的滞缓使得制造业产值相对于整个工业总产值较低。产

_____

① 严格意义上，"荷兰病"的几大特征是：通货膨胀率奇高、失业率上升、经济增长速度下降、相关产业（特别是工业）发展受挫。

业升级依赖于技术研发和创新体系，建立国家产业的创新体系有利于推动经济发展和落实科学发展观，具有经济上和政治上的双重意义。

（三）下岗再就业问题

资源丰裕地区多数是在资源开发基础上形成并发展的。随着资源不断开发和耗竭，就业是最迫切需要解决的问题之一，否则会引起社会问题。在这些地区，失业人口往往规模比较庞大、劳动技能单一、劳动力供需结构性失衡等，解决难度较大。

第一，下岗人口规模庞大，收入相对减少。资源丰裕地区随着资源开发进入中后期时，尤其是已经枯竭期的城市，往往呈现出下岗失业人口绝对数量大、时间集中等特点。根据国家发改委《资源型城市经济结构转型》课题组统计，中国共有资源型城市 118 个，总人口 1.54 亿。目前，我国 20 世纪中期建设的国有矿山，有 300 多万下岗职工、1000 多万职工家属的生活受到影响，矿工收入已从过去的各行业之首，倒退为各行业之末，年人均收入仅为最高收入行业的 1/9。表 3 - 4 列出了部分资源城市下岗失业人员情况，其中，阜新和双鸭山下岗失业率分别为 13% 和 20%。如此高的失业率足以影响该地的稳定和经济发展，再就业是资源型地区最为迫切解决的事务之一。

表 3 - 4　　　　　　　2002 年部分资源型城市下岗人员情况　　　　单位：万人

城市	下岗人数	城市人口总数	城市	下岗人数	城市人口总数
大同	7.5	137.73	双鸭山	6.5	50.67
乌海	1.9	41.2	萍乡	3.9	78.89
阜新	15.6	78.37	鹤壁	2.4	51.55
北票	5.5	61.7	平顶山	2.9	91.25
抚顺	12.4	138.98	铜川	2.8	74.53
辽源	2.7	44.7	个旧	1.5	38.5
伊春	6.5	84.31	攀枝花	3.1	65.76
鹤岗	5.4	69.12	白银	2.9	46.87

资料来源：李雨潼等：《我国资源型城市的劳动力就业问题探析》，《人口学刊》2008 年第 4 期。

第二，下岗人口文化水平低，劳动技能单一，供求结构性失衡。早期的资源开采属于劳动密集型产业，对从业人员的文化程度和劳动技能水平要求不高，造成一种普遍问题，即一边是大量技能单一、无技能的劳动力无法安置，另一边是企事业单位所急需的高技能、高素质人才招不来、留不住。据双鸭山市 2008 年统计，市、县两级职业中介机构在接待求职登记的 67559 人中，中专以上学历的为 11.3%，中级以上专业技术职称的仅为 9.2%。由此，就形成了一般低技术岗位劳动力过剩，而较高技术岗位大量空缺。就资源地区整体而言，资源丰裕地区城市的产业结构对工业依赖程度较高，而服务业非常薄弱，加之私营、个体经济不活跃，导致就业吸纳能力有限，即使经济发展较快阶段，就业增长率也不高。

此外，已有的高素质人才外流严重。还有，在大量下岗人员 40 岁、50 岁人员占多数，年龄偏大，身体素质较差，处于供养小孩和老人的关键时期。就业的思想观念也较为落后，难以适应新职业、新岗位。

（四）生态环境问题

我国资源丰裕地区主要城市均受到不同程度的环境污染，大气污染、水污染、废物污染、噪声污染，水土流失退化大量存在，地面塌陷及滑坡问题日趋严重。最近几年，不断出现各种灾难，如特大泥石流、地面大面积多处塌陷等。

无节制的资源开发最终会带来大量环境污染和生态失衡问题。比如，以"西南煤海"著称的贵州省大力发展煤炭资源工业的同时，当地生态环境和居民生活受到了严重影响，森林和植被被不同程度破坏；煤炭运输过程中，煤灰撒满道路两侧；当地村民因为空气污染患呼吸道疾病和眼睛疾病。作为生态环境变化风向标的月牙泉。随着敦煌盆地人口的增加和社会经济的发展，人们超量开采地下水资源，破坏了该区域地下水的自然属性和动态平衡，导致月牙泉水位下降了 7 米，水面面积也由原来的 14480 平方米萎缩到了现在的 5260 平方米。如果枯竭，仅按现在门票计算，每年就损失 4000 万—5000 万元。同时，最近十年，由于国家级、省级重点建设项目集中在河西走廊地区，使该地区本已脆弱的植被受到人为扰动，一旦风蚀加剧，水土流失的比例则是原来的 3—5 倍。如果不及时调整产业布局结构，沙漠化将范围扩大，水土流失严重，大气污染日趋恶劣，贫穷和生态危机将会同时出现。

二 案例分析

（一）贵州省煤炭资源的开发与利用

1. 基本概况

贵州省国土总面积为 17.61 万平方公里，地处云贵高原东部。高原山地占 89%，丘陵河谷盆地占 11%，喀斯特地貌广布。属中亚热带高原季风气候区，冬无严寒，夏无酷暑，大部分地区年平均气温在 15℃ 左右，年均降雨量在 1100—1300 毫米。境内地势西高东低，平均海拔 1100 米左右。贵州是中国自然资源富集的省区之一，其中尤以能源资源、矿产资源、生物资源、旅游资源最为突出，在国内占有十分重要的地位。全省煤炭资源量 2401 亿吨，保有储量 523 亿吨，为南方 12 个省（市、自治区）的总和，居全国第 5 位，素有"江南煤海"之称。煤层中还蕴藏着丰富可供开发利用的煤层气。

贵州是全国矿产资源大省之一，已发现矿产 110 种，已探明储量的有 74 种，其中有 43 种保有储量排名全国前十位，居第 1 位至第 3 位的达 25 种。全省各种矿产储量潜在经济总价值近 3 万亿元，居全国第 10 位，人均与单位面积占有资源潜在价值都高于全国平均水平。其中，汞、铝、锑、金、锰、磷、重晶石、硫铁矿、水泥砖瓦原料以及各种用途的砂岩、白云岩等在全国地位突出。汞的资源量与产量长期位居全国各省区前列。大量开发后，现有储量仍占全国总量的 40%。铝土矿保有储量 4 亿吨，居全国第 2 位，并以矿石质量好著称。磷矿保有储量 26.3 亿吨，其中，富矿占全国总量的 44%，矿石平均品位超出全国平均水平 5.2 个百分点。一级品富磷矿 5 亿吨，居全国之首。开阳磷矿是中国富磷矿的最大产区。锰、锑储量在全国均排位第三。重晶石储量约占全国总量的 1/3，开发潜力巨大。贵州率先在国内发现微细粒浸染型（卡林型）金矿，具有重要的开发价值，已成为中国新崛起的黄金资源基地。碘、铅锌、硫铁矿、冰洲石、矿泉水等其他矿种均有较好的开发前景。贵州矿产资源大多集中在能源资源丰富、开发条件好的乌江流域，形成能源和矿产资源的理想配置。

2. 煤炭资源开发沿革

贵州是煤炭资源十分丰富的省份，煤炭资源的开发利用对贵州经济发展和社会进步具有举足轻重的作用。经过多年的发展，煤炭及相关产业已成为贵州重要的新兴支柱产业。但与全国一样，贵州的煤炭资源开发仍然存在结构不合理、增长方式粗放、科技水平低、安全事故多发、资源浪费严重、环境治理滞后、历史遗留问题较多等不少急待解决的问题，有的问题还比较突出。

贵州探明的资源储量集中分布于桐梓—遵义—贵阳—安顺—晴隆—兴

义一线以西地区，烟煤分布在六盘水市及普安等地；无烟煤主要在毕节地区织金、纳雍、大方、金沙及遵义市习水、桐梓等地，形成优质煤炭资源连片集中分布、中大型矿床也相对集中的地域优势。自实施西部大开发和国家实行煤矿关井压产以来，经过全省努力，贵州煤炭工业取得了明显成效，煤炭产业布局逐步得到优化，规模结构逐步提高，煤炭矿山数量大幅减少，在一定程度上改变了"散、乱、小"的状况。国有大中型煤矿稳步发展，开采技术水平逐步提高。盘江煤电（集团）公司、水城矿业（集团）公司现代化的综采、综掘技术已经成功应用多年，综采放顶煤技术也在条件适宜的矿井成功应用，优质高效的全重介选煤工艺普遍应用。盘江煤电（集团）公司已进入国有大中型企业 500 强行列，在全国煤炭企业百强中居第 43 位。特别是锚网、锚索等锚杆类支护的应用在采掘工作面的快速推进中起到了重要作用。乡镇煤矿全部形成了负压通风和机械运输，高瓦斯矿井全部安装了瓦斯监测监控系统，单体液压支柱、刮板运输机等新装备已开始在乡镇煤矿应用。煤炭产业链进一步延伸，水煤浆技术，煤炭气化、液化、煤矸石发电，煤矸石建材、煤矿环保等技术已经起步，并取得了较好进展。

3. 煤炭资源开发存在的问题和后果

贵州煤炭工业虽然取得了较为明显的进步，但仍然处于发展的低级阶段，在资源开发利用中存在着不少急待解决的问题。

（1）煤炭开发利用水平低，资源破坏浪费严重。一是矿山企业数量多、规模小，结构性矛盾仍然比较突出。贵州现有煤炭矿山企业 2143 个，其中大型矿山仅 5 个，中型矿山 16 个，大中型矿山合计仅占全省矿山总数的 1%；固体矿产平均单位企业年产矿量不到 5 万吨。二是矿产资源利用效率普遍较低，尤其是小型矿山，缺乏科学管理，资金技术力量薄弱，采富弃贫，经营粗放，效益不高，资源破坏浪费更加严重。从总体上看，贵州煤炭资源的回采率在 20% 左右，即使是一些大型矿务局的煤炭资源开发，其利用水平也比较低，普遍存在采富弃贫、采易弃难和丢层越层现象，其矿井综合回收率在 30% 左右。对大量存在的小型煤矿而言，其资源利用水平更是低下，由于开采技术水平和管理水平的原因，绝大部分乡镇煤矿只能开采 200—300 米的煤炭资源，深部资源无法利用，煤炭资源损失巨大。

（2）资源开发利用布局结构不合理，资源优质劣用的情况严重。贵州的煤炭资源煤种齐全，具有其他省份无可比拟的优势，但贵州煤炭资源没有能够做到优质优用，大量优质的煤种被开发作为民用煤、动力煤的原料，使宝贵的资源没有发挥出其应有的价值。西电东送项目实施以来，大量交通条件较好、资源禀赋优越的煤矿区被规划为西电东送电煤基地配套矿井，这在短期内对贵州经济发展具有重要的促进作用，但从科学发展观和煤炭资源优质优用的角度看，却是一种急功近利的行为，是对煤炭资源的极大浪费。同时，由于历史原因，煤炭矿权的设置极不合理，大矿小开情况十分普遍，无论是规模结构还是布局结构均不尽合理，一些适宜于建设大矿的矿区被肢解成若干小矿，对资源的破坏浪费难以估量。

（3）贵州煤炭资源勘查程度偏低，现有勘查程度和生产能力难以满足西电东送电煤基地建设和本省经济发展的需要。根据西电东送电煤基地建设规划和"十一五"能源发展规划，到2010年和2015年，贵州的煤炭产量要分别达到1.6亿—2亿吨才能基本满足需要，也就是说，在未来5—10年，贵州的煤炭产量必须在现有基础上增加7000万—1.1亿吨。随着开采深度的增加，开采难度将进一步增加，开采成本也将进一步增加，现有2000个左右的小煤矿经过几年的发展，其中相当一部分将会面临资源枯竭的困境，一部分将会因为开采成本增加而无力经营，另一部分将会因开采技术的原因关闭。如果在这阶段贵州省的煤炭产业不能实现升级换代，大幅度提高资源利用水平，同时加大煤炭产业的投入，提高矿井的集约规模化水平，那么，每年的煤炭资源消耗量将会从现在的5亿吨/年左右增至10亿吨/年左右，同时亦将面临资源供应风险，贵州现有探明的煤炭资源将难以维持这种粗放的利用方式，难以实现煤炭产业及相关产业的可持续发展。

（4）由于贵州的煤炭探矿权采矿权仍然主要以无偿方式取得，造成了资源性资产的大量流失。近几年来，由于西电东送电煤基地建设滞后于电厂建设的进度，为了加快电煤基地建设，贵州采取了各种措施加快电煤基地配套矿井的建设，尤其是在矿权的授予上采取了行政审批方式，对一些大型矿井的建设基本上是行政划拨方式授予矿权，这在客观上加快了电煤基地建设的进程。但相应又产生了另外一个严重的问题，由于煤炭资源可以只花费很少的代价就可以取得非常优良的矿产资源，出现了大量圈占煤炭资源探矿权、采矿权并利用这些矿权牟利的现象，非法转让探矿权、采矿权的情况十分突出，造成了国有资源性资产的大量流失。如果不改变目前这种行政划拨资源的方式，贵州的煤炭资源优势将会很快丧失。

（5）煤炭资源开发遗留问题多，解决难度大。在前几年实施的煤矿关井压产工作中，贵州关闭了大量生产能力不足 3 万吨/年的矿井，对一些相邻矿井进行了整合，促进了煤矿布局的优化，但由此产生的遗留问题至今尚未能得到很好的解决。同时，一些地方政府站在地方保护主义的角度，以解决农村贫困人口生活自用煤的名义非法批准建设了一批小煤矿，关闭取缔的难度极大，根据现有的法律规定和政策又不可能将其合法化。由于国家对煤炭管理的政策日趋严格，停止核准 30 万吨/年以下的新办煤矿，除了西电东送电煤基地配套矿井建设外，全面停止了煤炭探矿权、采矿权的办理，大量已办理勘查许可证的探矿权不能申办采矿权，大量进入探矿权申办程度的申请不能办理探矿权，由于利益驱动，无证采煤、以探代采等问题日渐突出。这些问题如果没有很好的应对措施，将会对煤炭工业的健康发展带来严重影响。

（二）兰州市矿产资源开发与利用

1. 基本概况

兰州是甘肃省省会，位于祖国西部三大高原交会处，是全省政治、经济、文化中心。兰州地处黄河上游、甘肃省中部及我国陆域版图的几何中心，是西陇海兰新线经济带的重要支撑点和辐射源，也是新亚欧大陆桥通往中亚、西亚和欧洲的国际大通道和陆路口岸。总面积 1.31 万平方公里，市区面积 1631.6 平方公里。兰州深居大陆腹地，市区东西黄河穿城而过，南北群山环抱，属中温带大陆性气候。兰州市现辖城关、七里河、安宁、西固、红古 5 区和永登、榆中、皋兰 3 县，有 90 个乡镇、40 个街道办事处、804 个行政村，总面积 13085.6 平方公里，城市面积 1112.2 平方公里，占总面积的 8.5%。2006 年户籍总人口 313.64 万人，非农业人口 185.69 万人，共有汉、回、满、藏、东乡、裕固等 52 个民族，人口密度 240 人/平方公里。兰州全市土地面积为 135.3 公顷。其中，耕地 21.9 万公顷、林地 7.6 万公顷、牧草地 76.5 万公顷，未利用的荒草地、盐碱地、沙地等近 23.5 万公顷。土地资源可分 3 个类型，即中低山林牧区，位于兰州西部、西南部和南部；兰州市蕴藏着丰富的矿产资源，已发现的矿种有 48 种，约占全省发现矿种的 1/3。境内已探明各种矿床 156 处，包括有色金属、贵金属、稀土和能源矿产等 9 大类 35 个矿种，其中石英岩储量集中，运量储量达 3 亿吨，为硅铁工业提供了充足的后备资源。煤炭保有储量为 9.05 亿吨，主要开采地为窑街和阿干镇两矿，目前阿干镇煤矿已经因为资源枯竭而关闭，邻近兰州的白银、金昌是我国镍、铅、锌、稀土和铂族贵金属的重要产地。

2. 兰州市矿产资源开发沿革

兰州市目前开发利用的主要矿产 17 种，年产矿石量 1098 万吨，产值 28697.24 万元。共有矿山企业 225 个，其中砖瓦用黏土企业 76 个，年产量 181.46 万吨，总产值 4449.8 万元；煤矿企业 38 个，年产量 558.6 万吨，产值 4559.32 万元；水泥灰岩矿山企业 30 个，年产量 186.63 万吨，总产值 18078.6 万元。非金属矿产较为丰富，目前已发现矿种 22 种，产地 77 处，其中大型矿床 5 处，中型矿床 16 处，小型矿床 30 处。目前可开发利用的以煤炭和地热资源为主，已发现煤矿产地 15 处，其中大型煤矿 1 处，中型煤矿 2 处，小型煤矿 4 处，矿点 7 处，其资源储量总计为 76943.8 万吨，占全省总量的 8.8%，兰州断陷盆地已发现的大涝池——观音寺、兰石厂——兰铁西站热异常孔、七里河地热勘查井、盆地西缘的药水沟、龙王沟温泉、红门寺热异常孔和东段胡家河湾地热异常孔等均是兰州地热资源的开发潜力之处。目前兰州市资源税只针对原油、天然气、煤炭征收，其中，年产量 1000 吨以上的煤矿企业的资源税为 0.4 元/吨，年开采量 1000 吨以下的煤炭企业免征资源税，新建煤矿，在施工过程中挖掘的煤，其销售收入用以抵减工程费用的，免纳资源税。其他矿产资源暂缓征收资源税。兴办矿藏勘探、开采的企业，按国家规定缴纳的资源税，由财政返还地方留成部分给企业。

兰州市县（区）国土资源主管部门按照采矿许可证发证权限对储量规模为小型以下的采矿权空白地一律以招标、拍卖、挂牌出让方式有偿出让采矿权，现有采矿许可证的矿山企业，在采矿许可证到期后不再延续，一律以同样方式有偿出让采矿权。在矿产资源勘查、开发期间制定有利于商业性矿产资源勘查的特殊优惠政策，降低投资风险，鼓励大型矿山企业通过发行股票、债券、项目融资等方法勘查及开采矿产资源。目前除兰州石化和兰州炼油化工以外，其他资源型产业发展比较滞后，仅有铝业、窑街煤电、硅锰冶炼、硅电资源、碳化硅工业、钢铁硅铁等资源型企业。兰州市的非金属矿产储量比较高，产业发展前景广阔。可开发利用的主要矿产除煤矿以外，地热资源也是颇具发展潜力的。

3. 矿产资源开发存在的问题和后果

（1）兰州市矿产资源丰富，尤其是非金属矿产储量较大，其中煤矿开发利用较为广泛，其他种类矿产资源则由于国家经济发展需要以及开发技术等原因仍有大部分矿产资源处于待开发状态。

（2）兰州市资源税只针对原油、天然气、煤炭征收，且税率偏低，甚至对于储量低于 1000 吨的煤炭企业免征资源税；兴办矿藏勘探、开采的企业，按国家规定缴纳的资源税，由财政返还地方留成部分给企业；其他矿产资源暂缓征收资源税，因此本地政府很难分享地方资源的开发利润。

（3）除兰州石化与兰州炼油以外，其他资源型企业发展滞后，产业链延伸缓慢。相关企业对于劳动力的专业素质要求较高。

（4）多年来由于资源的开采与开发利用严重污染了兰州市的生态环境，矿产资源所在地的居民虽然得到了土地占用以及环境污染的相关补偿，但是现实表明生态环境已经遭到了严重的破坏，兰州市环境污染治理工作不断进行，目前已经取得一定成效。

（三）德阳市天然气资源开发利用

1. 基本概况

德阳市位于四川盆地成都平原东北部，地处东经 103°45′—105°15′、北纬 30°31′—31°42′。南靠成都，北接绵阳，东壤遂宁，西邻阿坝。1983 年 8 月经国务院批准为省辖地级市，四川省重点建设的九大城市之一，是成都旅游的重要组成部分。全市面积 5818 平方公里。德阳市境狭长，东西宽约 65 公里，南北长约 162 公里，地势西北高东南低。西北部为龙门山脉中段，山地面积 1171.87 平方公里，占全市总面积的 19.68%；中部为成都平原东北部，面积 1838.75 平方公里，占全市总面积的 30.88%；东南部为盆中丘陵，面积 2943.13 平方公里，占全市总面积的 49.44%。德阳是四川省天然气和磷矿石生产基地。境内已发现 35 种矿产，已开发利用的有 13 种，主要矿产为磷矿石、天然气、石灰岩、煤炭、矿泉水。其中，磷矿探明储量约占全省的 25%；全省 53 个探明矿区，平均品位大于 25% 的有 15 个矿区全部在德阳境内，磷矿石产量占全省的 90% 以上。天然气储量丰富，约占全省储量的 17%，已成为成都经济圈的工业民用天然气供应基地。

2. 天然气资源开发沿革

德阳市境内特别是新场构造带蕴藏着丰富的天然气资源，自 20 世纪

70 年代末 80 年代初发现孝泉红层气田以来，勘探开发区域和储量不断扩大，先后发现了合兴场、新场构造，随着 1988 年川合 100 井和 90 年代初 129 井的突破，拉开了德阳市天然气大开发的序幕。90 年代以来，中石化在德阳设立各方投资的多个开发实体，加大滚动开发力度，天然气量以年均 30% 的速度增长。2006 年，中石化西南分公司开发天然气总量 21 亿立方米，其中在德阳境内的开发量为 17 亿立方米，约占其开发总量的 80%，是目前西南分公司在四川从事天然气开发的主力气田，2000 年 11 月新场 851 井的突破，已形成了浅、中、深立体开发的局面，过去德阳浅层天然气开发的局面已全面突破，德阳新场构造已成为全国几大陆上整装气田之一。

3. 天然气资源开发的主要问题和后果

（1）由于在天然气开发和利用中长期缺乏综合协调机制和综合平衡体系，天然气开发中出现的有关问题得不到及时解决，影响了天然气开发的正常发展；天然气利用的无序发展，无法满足天然气消费正常增量，新上用户特别是新上生产项目无法解决用气问题。随着经济社会发展对天然气的需求不断增大，加之天然气开发的增量跟不上经济社会发展对气源的需求，气源不足的状况势必长期存在，对经济社会发展会造成长期影响。

（2）气田开发造成的环境问题比较严重。20 世纪 80 年代末 90 年代初以来，西南局在该市 200 多平方公里范围内已开发天然气井近 600 口，由于前期环保措施不到位，对整个开发区域内的地下水构成不同程度的污染，部分农民人畜饮水困难，老百姓意见很大，群众来信、来访、群访、集访时有发生，对于地方政府构成相当大的压力。

（3）天然气开发的增量跟不上经济社会发展对气源的需求。四川经济社会近十年来得到快速发展，GDP 年增速平均在 10% 以上，而天然气开发增量跟不上经济社会发展，使天然气的缺口逐年加大，成为制约经济社会发展的"瓶颈"。

（4）联合开发机制面临考验。根据中国石油化工集团公司向省政府所发《关于解决西南石油局（西南分公司）与德阳成都地方资源性联合公司问题的函》意见，中石化以"石油天然气属国家战略性矿种，能源安全关系国家战略利益"，民营经济不能进入联合开发为由提出回购在新场气田公司和联益公司的地方入股企业股权，从而实现全资控股目的。虽然这个问题还在协调之中，但是，已对地方政府形成巨大压力。如果处理不好，既影响地方利益，又影响开发大局，也影响资源地的积极性。对今后天然气的开发利用及协调都将产生影响。

（四）个旧市锡矿资源开发与利用

1. 基本概况

个旧是中国云南省红河哈尼族彝族自治州的一个县级市，位于东经102°54′—103°25′、北纬23°01′—23°36′。面积1587平方公里，人口45.33万。个旧是以生产锡为主并产铅、锌、铜等多种有色金属的冶金工业城市，是中外闻名的"锡都"。当地以产锡著名，开采锡矿的历史有两千多年，是中国最大的产锡基地，同时是世界上最早的产锡基地。个旧锡矿，属特大型多金属矿床。位于云南东南有色金属成矿带西端。矿区紧邻个旧市以西、以南地区。累计探明有色金属储量476万吨，其中锡金属储量172.11万吨。汉代以后就有开采。截至1994年年底，矿区仍保有有色金属储量227万吨，保有锡金属储量64.61万吨，占全国保有锡储量的18%。矿化以锡为主，共生、伴生有18种有用矿产，其中铜、铅、锌、钨、银、萤石、硫、砷均有大型矿床分布。锡矿石类型主要有锡石—硫化物型原生锡矿（含硫化矿的氧化矿）和岩溶堆积黏土型砂锡矿，在探明和保有储量中，两类矿石储量比例分别为53:47和76:24。砂锡探明储量77%已开采利用，现矿区以开采原生锡矿为主，成本增加、效益下降。

2. 个旧锡矿开发沿革

个旧市因锡而立，因锡而盛，是中国最大的现代化锡工业基地，世界上最早最大的产锡基地，锡业开发有两千多年的历史。据考古发现，大约5万年前境内就有人类生息，春秋战国时土著居民已有了较高程度的文明。西汉时，个旧属贲古县，随着中原文化的渗透，锡、银、铅采冶业兴起，东汉时已形成较大规模的分工协作。清康熙后，锡业兴盛。光绪三十一年（1905年），设个旧官商公司，使用进口机械设备和工艺，聘用外国专家开展锡生产作业，开了云南冶金工业近代生产之先河。宣统元年（1909年），滇越铁路碧色寨——河口段通车。至30年代末，个旧锡业达新中国成立前鼎盛时期。私营厂户多达4400家，锡的出口量高时达1.1万吨，为全国锡出口量的90%以上，居云南省商品出口首位。50年代初，个旧锡业被列为全国156个重点项目之一。

改革开放以后，由于条块分割，个旧锡矿区企业之间各自为政，云锡公司与地方国有企业之间锡矿资源纠纷不断。进入80年代，如雨后春笋般崛起的地方国有、乡镇矿山企业以及大量私营、个体采矿者，如千军万马涌向个旧矿区。"大矿大开、小矿放开、有水快流"，使不可再生的、极为珍贵的矿产资源被无序开采，遭掠夺破坏；各自的坑道相互交叉重叠，安全隐患极为严重；矿产资源矛盾和纠纷不断；偷盗、哄抢采场经常发生；坑下安全隐患令人触目惊心，云锡生产受到极大影响和干扰。2002年6矿2厂形成云锡集团公司，进行治理整顿，矿山生产形势逐步好转，产量有了明显增长，经济效益明显提高。2003年之后，长期亏损的几个矿区经营状况有了明显改善，实现了当期收支平衡，呈现出良性发展的趋势。目前，云锡控股公司已发展成拥有40多个全资、控股子公司，公司现有总资产380多亿元，占地近200平方公里。有职工3万人，离退休人员3万人，全部管辖人口近15万。

3. 个旧锡矿资源开发的主要问题和后果

个旧锡矿开发建设50多年来，直接上缴国家财税近70亿元，对国家的间接贡献60多亿元。如今，长期潜伏的危机和积累的矛盾日益凸显，成为制约个旧科学发展的"瓶颈"问题。主要表现在：

（1）矿产资源锐减，持续发展乏力。地表砂矿及浅部易采矿资源基本枯竭，资源优势减弱。长期过于倚重矿业开发，简单地用产值、销售收入、产品产量等规模性指标来衡量发展水平，导致个旧工业产业结构单一，企业产品雷同。目前，个旧除以锡、铅为主的有色工业外，缺乏新兴支柱产业，以初级产品为主的有色采选冶金工业总产值比重高达75%，缺乏抵御市场风险能力，有色金属市场需求及价格波动对个旧经济的兴衰起着决定性影响。

（2）生态环境恶化，灾害隐患严重。由于时代的局限性以及对经济发展的片面认识，漠视生态环境的价值，忽视资源的可持续利用，单纯追求经济增长，使得个旧的工业化发展逐渐演变为拼资源、拼环境的扩张式、粗放式发展模式。特别是从1985年到90年代初期，传统的矿山开发方式发展到极端。大片土地被占用，植被成片被破坏，土壤流失严重，以致在百里矿区留下工矿废弃地近40平方公里，占全市工矿用地的30%，成为典型的人工石漠化地区。地表塌陷、山体开裂、滑坡、泥石流、环境污染等重大灾害隐患非常突出。

（3）就业形势严峻，社会负担沉重。随着资源逐渐枯竭，个旧采选企业经营已到了举步维艰的境地，关闭、停产半停产、破产企业数量不断增加。个旧总人口不到云南省的 1%，而低保人数占全省低保人口总数的比重高达 10%，1978 年在岗职工工资收入比全国平均工资高出 24.6%，2006 年变为比全国水平低 18%，城镇居民人均可支配收入为 8583 元，比全国平均水平少 3076 元，比云南省平均水平低 1115 元。

（4）土地资源紧张，各种矛盾加剧。由于大量土地、森林、水源让位于矿业开发和工业经济发展，致使山区农民因土地急剧减少，耕作条件恶化，森林和草地逐渐沙化、退化，生存环境质量下降，生活较为贫困。个旧"四矿"（矿工、矿业、矿山、矿城）的严重困难与矿区"三农"（农业、农村、农民）的难题交织叠加，大规模上访和群体性事件时有发生。

第五节　本章小结

本章得出以下几个主要结论：

第一，我国的资源诅咒市场经济内在机制分析有异于戈登和尼里（1982）的跨国分析。前者的资源繁荣，吸走了制造业部门的劳动力和资本生产要素，造成了逆工业化发展，社会总产出下降；而后者的资源繁荣，吸走了该国制造业部门的劳动力，以及引起本国货币升值，形成了双重逆工业化。如果再考虑我国近年来的现实情况，人民币不断升值，那么单纯从资源诅咒的角度研究，我国部分或整个区域正在经受三重的逆工业化的发展障碍。

第二，从我国局部改革理论模型推导来看，当施行市场价格、计划价格并存的改革时候，资源丰裕的地区经济发展会相对萎缩，而资源贫乏的地区经济发展趋于繁荣；总体来看，社会总福利会减少。造成这种现象的重要原因是我国资源产权的全民所有制，以及资源型国有企业在资源产业中的垄断地位和"资源租"的缺失。本章进一步从新经济地理学角度，引入政策对经济干预较强要素，解释国内地区的资源诅咒现象。

第三，若要更好地解释我国资源诅咒的问题，必须结合我国的特殊国情，而双轨制是解释中国经济改革及相关问题的一个重要变量（樊纲，1994；Noughton，1994；张军，2006 等）。从现状来看，产权、价格双轨制正在影响经济发展的进程，尤其是资源产权纯粹的全民所有制（低效率的资源产权公有制委托—代理关系）以及国有企业在资源产业中垄断地位和"资源租"的缺失。从上述分析可以看出，不论是跨区域的资源诅咒理论解释，还是针对一国或地区内部范围的解释，劳动力是一个关键的因素，其动态变化也是经济不协调时最为直接的表象之一，妥善地解决此类问题具有政治与经济双重意义。最后，从我国资源丰裕地区或城市来看，我们可以发现产业结构不合理，所有制结构单一，私营个体经济不发达而产业升级和转型是最有效的方式，也是防止"荷兰病"发生和出现的积极的经济措施。

第四章 中国区域资源诅咒的制度解释

——基于双轨制体制

自 20 世纪 70 年代以来，一些自然资源丰裕国家的经济表现不及自然资源匮乏的国家，丰裕的自然资源对经济发展仿佛由"福音"变成了"诅咒"。资源诅咒的命题产生于对国家间层面的研究，在一国范围内是否严格成立还仍无定论，并且资源因素与经济增长之间的传导机制显然已经发生了较大的变化，比如"荷兰病"效应因为在一国范围内缺少汇率波动的影响，因此缺乏说服力。我国自然资本占国民财富的比重超过5%，是一个自然资源相对富裕的国家，但是一些资源型城市和地区，比如中西部地区自然资源储量丰富，但是发展却相对滞后，与东部的收入差距进一步拉大。区别于一般资源诅咒问题是以国家之间较大的制度差异为前提，本章提出体制双轨制是中国资源诅咒问题的重要原因，即资源相对贫乏的东部地区拥有市场与计划的双重优势，而资源相对丰裕的西部地区受到市场与计划的双重挤压。从而拓展了对"资源诅咒"传导途径解释的研究视野，对缩小我国地区差距、建立和谐社会具有现实意义。

第一节 体制双轨制相关文献综述

所谓双轨制是一种非公经济与公有经济、市场价格与命令价格并存的经济体制，集中表现在生产资料分配和价格的双轨制，也是中国特色的改革之路（吴敬琏，2009）。诺顿（Naughton，1994b）认为，中国所采取的改革策略，尤其是体制上的双轨制是中国改革绩效优于俄罗斯的主要原因。他认为，中国经济改革中的双轨制过渡特征使得原有的国家垄断有所放松，国家垄断的放松使新兴部门获得了迅速的"进入"，而新兴部门的进入创造了竞争，竞争的压力反过来又必然使国有部门得到自我改善。结果，双轨制的存在在中国的改革过程中形成了一个"良性循环"。体制上的双轨制的存在使得中国改革后的经济逐步获得了"来自计划外的增长"。樊纲（1994）把这种双轨制称为体制双轨制或"所有制双轨"。他认为，体制双轨制的最重要后果是非国有经济的成长。中国的渐进式改革由于先不触动许多既得利益，先不对旧的体制进行根本性的改革，而是先在旧体制的旁边发展新体制，因而必然出现一种体制双轨制的局面，通过较长时期的"双轨制过渡"完成改革。林毅夫（1999）和樊纲（2003）指出，"制度决定经济行为，进而决定经济绩效"，转轨时期重要的体制特征就是有次序的市场化改革。张军（1997）对价格双轨制在稳定公有经济生产和实现帕累托改进等方面的积极作用做出了肯定评价，并根据一般均衡分析，论证了双轨价格的帕累托改进的特性，持类似观点的还有刘遵义、钱颖一、Gérard Roland 等。吴敬琏（2009）对此持不同看法，他认为，双轨制的制度安排所造成的经济和社会后果是双重的。一方面，的确给民间创业活动一定的空间得以成长；另一方面，如果这种"权力货币化"或"权力资本化"的制度安排持续下去甚至得到加强，就会造成广泛的"寻租"环境，埋下腐败蔓延的祸根。钟伟（2005）提出"新双轨制"概念，即以公共权力为背景，自下而上地寻找和套取已经市场化的商品和服务价格与尚未市场化的资本、土地和劳动力等要素价格两大体系之间巨大的差额租金，使中国市场经济改革逐渐脱离轨道而变得永远都无法"并轨"，已经成为当代中国改革不能承受之重。上述关于我国双轨制对经济发展影响的研究是针对整个社会经济活动而言，并没有涉及具体方向，且多数偏重于理论和案例研究，还没有关于这类问题的实证检验。

鉴于此，本章试图以一种新的研究视角，即我国转型时期特有的双轨制体制，包括产权双轨制和价格双轨制来考察我国省区的资源诅咒现象，将经济增长、资源丰裕与体制双轨制三者纳入同一个模型，探讨它们之间的内在联系。考虑我国特殊的国情，在渐进式的市场经济改革的历程中，双轨制还将持续较长时期，所以，不能抛开双轨制体制这个因素，去研究一般经济层面上的资源诅咒问题。本章正是从产权双轨制和价格双轨制出发，研究"中国式的资源诅咒"问题，以及对省区经济发展的影响。

第二节 初步观察与研究假设的提出

一 初步统计分析

在继续研究该命题之前，有必要利用经验数据，对经济增长、资源丰裕与体制双轨制三者之间的关系进行初步统计观察。

（一）中国是否存在资源诅咒现象

中国自然资源总体分布上呈"西丰东贫"的特征，是不争的事实，而这些丰富资源是否为当地经济发展带来"福音"？本章选取全国28个省市区数据为样本①，以1990—2008年各省区实际人均GDP（以1978年为基期）的均值为经济发展水平，以同时期各省区的能源生产总量减去能源消费耗总量，即能源供需差作为对经济发展直接产生影响的资源相对富集的程度，能源供需缺口值越大表明该地区资源较丰裕；反之，资源相对贫乏。然后，绘制两者对应的关系图，如图4-1所示。

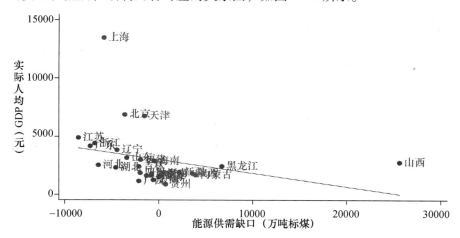

图4-1 实际人均GDP与能源供需差

资料来源：历年《中国统计年鉴》、中经网。

从图4-1可知，总体上来说，能源资源缺口大的地区，如上海、北京、江苏等，实际人均GDP平均水平较高；而能源资源供给却大于

① 在全国31个省市自治区中由于西藏自治区和湖南省的能源生产和消费量统计数据缺失太多，于是被排除；而重庆市1997年才直辖，数据并入四川省。

本地需求的地区，如山西、黑龙江、内蒙古等，人均 GDP 水平反而比较低。拟合线为右下倾斜，作为地区的能源资源供给和需求合成的指标与实际人均 GDP 表现为负相关，初步显示出中国存在资源诅咒现象。

（二）体制双轨制是"中国式资源诅咒"的原因

中国的资源诅咒问题与其他国家和地区的资源诅咒有所不同。一般层面上的资源诅咒问题是指资源富集地获取丰厚的资源租后，不恰当地使用资源租导致自身的"造血机能"（产业发展等）衰退和贫困问题。而"中国式的资源诅咒"的特殊性，则表现在资源富集地受体制双轨制的制约而导致的落后。

一般意义上说，体制双轨制是指计划和市场两种配置资源的方式并存。本章涉及的双轨制则被具体化为产权双轨制和价格双轨制两个方面：

第一，产权双轨制是指资源的国有产权与自由企业产权的双轨制。中国从高度集权的计划经济向市场经济转轨过程中，企业产权制度从单一的公有制向多种所有制形式转变；但资源的国有产权却没有发生变化。资源全民所有制的性质决定了国家是资源要素的所有者，也是国有企业的经营者，又是公共服务的提供者，因此，作为资源要素所有权收入（资源租）与企业经营收入（利润）和国家提供公共服务的收入（税收）混为一体耗散了，而垄断经营的国有资源企业以垄断利润的形式侵蚀了部分资源租。① 我国中西部地区资源丰裕，因此国有经济占比明显高于东部沿海地区，见表 4 - 1。

表 4 - 1　2008 年我国 31 个省、市、自治区规模以上国有工业企业产值占比

东部地区	国有占比	中部地区	国有占比	西部地区	国有占比
北　京	0. 477	山　西	0. 519	广　西	0. 375
天　津	0. 382	安　徽	0. 433	内蒙古	0. 405
河　北	0. 289	江　西	0. 307	重　庆	0. 419
上　海	0. 357	河　南	0. 268	四　川	0. 319

---

①　为了支持国有企业改革，很长一个时期（1994—2007 年）国有企业不向国家提交利润。尽管从 1986 年开始国家向资源企业征收资源税，但从量征收，比例很小。

续表

东部地区	国有占比	中部地区	国有占比	西部地区	国有占比
江　苏	0.114	湖　北	0.444	贵　州	0.604
浙　江	0.130	湖　南	0.337	云　南	0.576
辽　宁	0.392			西　藏	0.444
福　建	0.139			陕　西	0.669
山　东	0.209			甘　肃	0.788
广　东	0.170			青　海	0.678
海　南	0.249			宁　夏	0.487
吉　林	0.483			新　疆	0.784
黑龙江	0.675				
东部合计	0.214	中部合计	0.400	西部合计	0.495
全国			0.284		

资料来源：历年《中国统计年鉴》、中经网。

从表4－1可知，中西部地区国有经济比重（0.40、0.50）明显高于东部地区（0.21）。其中，沿海地区的江苏、浙江、广东、福建分别为0.114、0.130、0.170、0.139；而资源富集的甘肃、新疆、青海、黑龙江、陕西、贵州的国有经济占比分别高达0.788、0.784、0.678、0.675、0.669、0.604。

第二，价格双轨制是指资源价格和产品价格的双轨制。改革开放30多年来，价格改革循着消费资料—生产资料—生产要素价格顺序逐渐展开，要素（资源）价格改革滞后于消费资料和生产资料价格改革。由于资源的国有产权性质，土地和重要的自然资源使用和开采仍然由国家定价，资源租也就没有被计入定价的成本，致使资源定价偏低，形成要素市场价格扭曲。国家通过对资源的统筹，低价将资源富集地的优势资源向发达的东部地区输送（如西气东输、西电东送等），部分资源租也就转化为下游产业和东部沿海地区的利润；而资源丰裕的中西部地区无法分享资源租，只是承担了资源开采的社会成本（如环境污染等）。图4－2为1992—2008年东部、中部、西部地区生产资料销售总额中地区政府价格控制（包括政府定价和政府指导价）的比例。

从图4－2可以看出，中西部地区生产资料的政府价格控制比重要高于东部地区，而且西部地区从2003年起，生产资料销售中政府价格控制

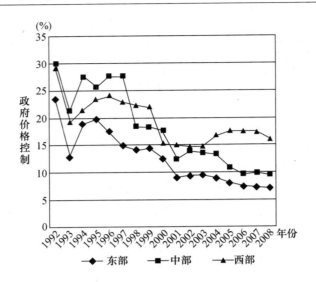

图 4 - 2   不同地区生产资料销售总额政府价格控制比例

资料来源：历年《中国统计年鉴》、中经网。

比重持续升高，直到 2007 年才有所回落。这是因为西部地区仍然以资源开采及延伸的生产资料生产为主，所有制形式以国有企业为主，相对于东部来说，要素市场的市场程度较低。

二 研究假设

根据以上分析，本章提出"中国式资源诅咒"这一经验假说，即体制双轨制是资源相对富集地区贫困的重要原因。由于资源的国有产权与企业产权双轨制和资源价格与产品价格双轨制，使具有要素禀赋优势的地区如西部无法利用要素市场来实现其资源优势，却由于产品市场的高度竞争而使其产品的竞争劣势进一步凸显。形成东部一些资源贫乏地区拥有市场与计划的双重优势，而西部一些资源相对富集的地区受到市场与计划的双重挤压，加剧地区收入差距。根据上文的分析和初步观察，我们将对如下两个基本假设进行检验：

假设 1：产权双轨制抑制地区的经济增长，特别是对资源相对富集地区（如西部）的经济发展更为不利；

假设 2：价格双轨制抑制地区的经济增长，特别是对资源相对富集地区（如西部）的经济发展更为不利。

第三节　模型的设置及数据说明

一　实证模型

基于戈登和尼里（1982）、萨克斯和沃纳等（1995）学者的经典模型，增加本章所关注的体制双轨制变量，构建如下面板数据回归模型：

$$\ln y_{it} = \alpha_i + \beta_1 \ln NS_{it} + \beta_2 \ln GINVE + \beta_3 \ln P + \beta_4 Z_{it} + \mu_i + \varepsilon_{it}$$

其中，被解释变量 y 表示经济发展水平。三个重要的解释变量如下：NS 表示自然资源丰裕度；$GINVE$ 表示产权双轨制，使用市场中公有经济比重指标来衡量；P 表示价格双轨制，使用改革开放以来政府对价格的调控力度指标来衡量。Z 表示其他控制变量，包括物质资本、教育投入、科技创新以及经济制度条件等。α_i、μ_i 和 ε_{it} 分别表示常数项、不随时间变化的误差项和一般性质的随机误差项，β 表示所对应的结构系数或系数向量，下标 i 表示各个省级截面单元，t 表示年份。

二　变量计算及数据说明

大多数过去文献使用人均 GDP 增长率作为实证的被解释变量，由于早期是应用在跨国之间的研究，但是相对于一国范围之内而言，外部环境的差异性小，故本章使用可比价的实际人均 GDP 水平 y 反映各地区的经济发展情况；关于自然资源贫富指标 NS，国内不少研究用该相关行业的建设投资占固定资产投资的比重来衡量，但是会有一个建设周期的时滞效应，所以，本章使用能源的供需差距来反映地区的资源相对富集程度，显得更加契合实际，模型中取对数之前，对原指标进行了一定程度的平移使其为正数，维持了原数据的间距和特性；关于表示价格双轨制的政府价格控制指标 P，考虑到能源资源属于生产资料上游行业，使用三种价格形式（即社会商品零售总额、生产资料销售收入和农副产品收购总额）中的生产资料销售收入总额的政府控价力度来衡量；表示产权双轨制的公有经济比重指标 $GINVE$ 用公有固定资产投资额与全年固定资产投资额的比重来衡量；教育经费投入指标用预算内教育经费总额与全年一般预算支出总额的比重来衡量；对外开放程度指标用进出口总额（通过年平均汇率换算）占国内生产总值的比重来衡量；技术进步指标由地区国内三种发明专利申请受理量占全国总量的比重来衡量。

　　然后，本章建立两阶段时期的研究数据。第一阶段为 1978—1989 年的 21 个省和直辖市的经验数据，考虑 20 世纪 80 年代是执行价格双轨制的主要时期。由于三种价格形式自 1990 之后才有官方的详细统计资料，此阶段是根据张卓元（1992）的国家层面上的统计代替样本中各省和直辖市相应年份的价格形式。第二阶段为 1990—2008 年 28 个省和直辖市的经验数据。官方统计比较完整，此阶段在控制变量中增加了技术进步变量，这是内生经济增长理论中关键因素之一。研究中的数据来源于历年《中国统计年鉴》、《新中国六十年统计资料汇编》、历年《中国物价年鉴》，以及各省统计年鉴、中经网宏观经济数据库。在对变量系数估算之前，需要进行多重共线性检验。这里借助 NEWEY 2 命令得到各解释变量的方差膨胀因子（VIF）（见表 4 - 2）。可知两个分段时期数据中各变量的 VIF 值均小于 10，故不被认为存在严重的多重共线性问题。

表 4 - 2　　　　　　　　　　各解释变量方差膨胀因子

解释变量	1978—1989 年		1990—2008 年	
	VIF	1/VIF	VIF	1/VIF
ln$INVE$	8.84	0.113	7.49	0.134
ln$LABOR$	4.86	0.205	1.37	0.736
lnOPE	3.31	0.301	5.01	0.390
ln$GINVE$	2.95	0.338	1.54	0.647
lnEDU	1.85	0.540	1.14	0.881
ln$P$	1.48	0.674	1.65	0.622
lnNS	1.27	0.787	1.74	0.593
lnRD	—	—	12.41	0.090
Mean VIF	4.52		4.96	

第四节　计量分析

一　中国资源诅咒影响因素的面板实证分析

　　面板数据的估计方法有混合最小二乘回归、固定效应模型、随机效应模型和时间效应模型等多种形式，但都有其特定的假设前提，数据资料与假设不符则会导致谬误的结论。从本章数据来看，所得的 F 统计量拒绝了混合最小二乘估计，然后，通过 HUSMAN 检验也拒绝了个体随机效应模型，因此建立固定效应模型。另外，考虑到数据异方差性、截面相关性和序列相关性未知的情况下，采用 Stata 软件中可以减弱前两个问题的 xtscc 命令，同时，增加滞后一期的误差项选项考虑序列相关性，然后进行估计。相应的变量回归结果如表 4 - 3 所示。

表 4 - 3　　　　　　　　　　变量的面板回归结果

自变量	1978—1989 年	1990—2008 年	1978—2008 年	
	模型（1）	模型（2）	模型（3）	模型（4）
自然资源变量（lnNS）	- 0. 616 ***	- 0. 260 ***	- 0. 345 ***	- 0. 282 ***
	（ - 6. 863）	（ - 3. 455）	（ - 3. 170）	（ - 3. 659）
公有制比重变量（ln$GINVE$）	- 0. 866 ***	- 0. 180 ***	—	- 0. 179 ***
	（ - 7. 281）	（ - 8. 198）		（ - 6. 607）
价格控制变量（ln$P$）	0. 001	- 0. 185 *	- 0. 212 **	- 0. 134 *
	（0. 015）	（ - 2. 026）	（ - 2. 656）	（ - 1. 842）
物质资本变量（ln$K$）	0. 058	0. 407 ***	0. 658 ***	0. 464 ***
	（1. 154）	（6. 671）	（5. 352）	（4. 976）
劳动力变量（ln$H$）	0. 094	1. 774 ***	1. 331 ***	1. 524 ***
	（6. 366）	（6. 385）	（4. 456）	（4. 678）
开　放　度（lnOPE）	0. 094 ***	0. 137 **	0. 242 **	0. 136
	（6. 366）	（2. 321）	（2. 433）	（1. 626）
教育经费变量（lnEDU）	0. 116 **	0. 346 *	0. 550 *	0. 404 *
	（2. 356）	（1. 944）	（1. 978）	（1. 895）
技术研发变量（lnRD）	—	- 0. 141 **	- 0. 407 ***	- 0. 208 **
		（ - 2. 505）	（ - 4. 199）	（ - 2. 809）
常数项	13. 634 ***	13. 451 ***	15. 368 ***	13. 53 ***
	（11. 573）	（24. 234）	（15. 524）	（18. 311）
N	252	532	399	399
R^2	0. 925	0. 840	0. 790	0. 841
F 值	707. 561	101. 622	190. 971	169. 271

注：（1）括号内的数值为 t 统计量；（2）*、** 和 *** 分别表示在 10% 、5% 和 1% 水平上统计显著。

四组回归模型都验证了我国省际层面上存在资源诅咒的事实，与徐康宁和王剑（2006）、胡援成和肖德勇等（2007）学者的结论相一致，调整后能源的供需缺口的系数值分别为 - 0.616、 - 0.260、 - 0.345 和 - 0.282，均通过了 1% 的显著性水平下检验。这说明从省际总体层面上来看，能源富集地区并不能有效促进经济发展，反倒引起实际人均总产出相对减少，地区经济发展水平渐趋落后。公有经济比重的系数由开始不显著的推动作用变为负的显著影响，阻碍了经济发展，说明我国的企业产权制度正在从单一的公有制向多种所有制形式转变，但还不够彻底，公有经济比重仍然较高。这个结论证实了假设 1 前半部分成立。价格控制变量的系数一直显著为负，表明其对经济发展水平有明显的抑制作用，这种价格双轨制体制自始至终对经济发展起阻碍作用，从而证实了假设 2 前半部分正确。其中，资源诅咒表现最严重的时期为 1978—1989 年，能源缺口的变量系数的绝对值最大，同时期的价格控制变量系数很显著，且绝对值最大，说明资源对人均总产出影响很大，这个结论也印证了徐康宁和王剑（2006）对 1994 前的资源诅咒现象的推测，即在一国的工业化初、中期阶段，尤其是资源高度集中配置而市场效应很弱的情况下，富集的自然资源不仅无助于所在地区的经济增长，甚至有可能是一种增长的包袱。

至于控制变量，模型（1）中物质资本和劳动力投入对人均总产出影响并不明显，资源诅咒的转移渠道主要通过国家高度的计划体制抑制人均产出的提高，此时，经济发展水平较低，市场经济建设开始启动，公有经济的投资对人均产出正向作用不显著。模型（2）是建立在全国整体改革全面推进和政策趋向一致，经济高速发展的时期。教育经费投入变量系数显著且较大，一定程度上消除或抹平了一部分资源诅咒的影响。从这个时期来看，市场经济改革中价格控制的影响表现还很显著，对人均产出的阻滞作用小很多。公有经济比重对人均产出表现出了显著的负向作用，可能原因是改革早期，经济体制转变未能及时跟上发展速度。模型（3）是假设自从改革开放以来，如果没有价格双轨制，公有经济的活动显得更加制约经济发展，但是当引入价格双轨制变量以后，模型（4）[①] 中该变量的影响显著性就低很多，掩饰了公有经济对人均产出提高的部分反向影响，

---

① 模型（4）的结构系数值小部分没有介于模型（1）与模型（2）之间，因为各个模型的截面个数和时间序列长短有变化，但主要变量参数的取值范围合理。

说明完善市场经济仍然是我国经济发展中的重中之重。

二 中国资源诅咒现象影响因素的面板误差修正模型分析

上述面板回归模型分析是否反映了地区的经济发展水平与其资源的供应、需求、政府价格控制程度以及公有经济的比重存在长期关系呢？本节将在统计资料较为完整的 1990—2008 年数据基础上，以实际人均 GDP 为因变量，建立面板误差修正模型，来判别这些变量之间是否存在长期的协整关系。

（一）误差修正模型

在经济现象中，短期内被考察对象的情况变动往往是由较稳定的未来长期趋势和暂时短期波动共同决定的，整个经济系统对于短期内均衡状态的偏离程度大小直接导致被考察对象波动振幅的大小。就长期而言，协整关系就起到内在机制的作用，最终将暂时性的非均衡波动状态拉回稳定的均衡状态。而误差修正模型（Error Correction Model，ECM）是目前最能反映这种经济现象的应用模型，它已经在计量分析中得到广泛的应用，既可以衡量经济中的长期均衡关系（可以用来表述变量的长期发展趋势），也可以反映它们之间的短期变化（可以用来表述变量的短期冲击产生的波动）。误差修正模型还有许多明显的优点：如（a）一阶差分项的使用消除了变量可能存在的趋势因素，从而避免了"虚假"回归问题；（b）一阶差分项的使用也消除了模型可能存在的多重共线性问题；（c）误差修正项的引入保证了变量水平值的信息没有被忽视；（d）由于误差修正项本身的平稳性，使得该模型可以用经典的回归方法进行估计，尤其是模型中差分项可以使用通常的 t 检验与 F 检验来进行选取。下面将简要介绍 ECM 的基本原理、建模步骤及与协整的关系（梁云芳，2007；马兹晖，2008；姚耀军，2010 等）。

首先，误差修正模型（ECM）的基本原理。误差修正模型又称为 DHSY 模型，因为其基本形式是由 Davidson、Hendry、Srba 和 Yeo（1975）四人提出的。传统的经济增长理论模型一般表述的是多个变量要素之间的一种"长期均衡"的稳定关系，而实际经济活动中，经验统计数据却是由"非均衡过程"多个周期阶段形成的。所以，在建立相应模型的时候，需要用经验统计数据的非均衡的动态过程来无限逼近经济增长理论模型的长期均衡形成过程。通常使用最多的模型是自回归分布滞后模型（Autoregressive Distributed Lag，ADL），即如果所涉及的每个变量的滞后项也出现在模型之中，其对被解释变量的长期影响将通过 ADL 函数来反映。

对于一阶自回归滞后模型，记为 ADL（1，1）：

$$y_t = \beta_0 + \beta_1 y_{t-1} + \beta_2 x_t + \beta_3 x_{t-1} + \mu_t \tag{4.1}$$

式（4.1）中，$\mu_t \sim i.i.d(0, \delta^2)$，记 $y^* = Ey_t$，$x^* = Ex_t$，由于 $E\mu_t = 0$，在式（4.1）两边取得期望值得：

$$y^* = \beta_0 + \beta_1 y^* + \beta_2 x^* + \beta_3 x^* \tag{4.2}$$

则有：

$$y^* = \frac{\beta_0 + (\beta_2 + \beta_3) x^*}{1 - \beta_1} = \frac{\beta_0}{1 - \beta_1} + \frac{\beta_2 + \beta_3}{1 - \beta_1} x^* \tag{4.3}$$

记 $k_0 = \beta_0 / (1 - \beta_1)$，$k_1 = (\beta_2 + \beta_3)/(1 - \beta_1)$，则式（4.3）可以写为：

$$y^* = k_0 + k_1 x^* \tag{4.4}$$

式中，k_1 度量了 y_t 与 x_t 的长期均衡关系。

在式（4.1）两端减去 y_{t-1}，在右边加减 $\beta_2 x_{t-1}$ 得到：

$$\Delta y_t = \beta_0 + (\beta_1 - 1) y_{t-1} + \beta_2 \Delta x_t + (\beta_2 + \beta_3) x_{t-1} + \mu_t \tag{4.5}$$

其中，Δ 表示差分算子，$\Delta y_t = y_t - y_{t-1}$，利用 $\beta_0 = k_0 (1 - \beta_1)$，$\beta_2 + \beta_3 = k_1 (1 - \beta_1)$，式（4.5）又可以改写成为：

$$\Delta y_t = (\beta_1 - 1)(y_{t-1} - k_0 - k_1 x_{t-1}) + \beta_2 \Delta x_t + \mu_t \tag{4.6}$$

令 $\alpha = \beta_1 - 1$，则式（4.6）可以写成：

$$\Delta y_t = \alpha(y_{t-1} - k_0 - k_1 x_{t-1}) + \beta_2 \Delta x_t + \mu_t \tag{4.7}$$

式（4.1）和式（4.7）包含相同的关系，根据不同情况，选择其中合适的模型来分析、研究经济现象。但参数的解释与含义有所差异，特别是式（4.7）被称为误差修正模型（ECM）。当所列出的两要素之间存在长期均衡关系 $y^* = k_0 + k_1 x^*$ 时，误差修正项的算术形式为 $y_t - k_0 - k_1 x_t$，反映了 y_t 关于 x_t 在第 t 时点的短期暂时性的偏离。一般来说，由于式（4.1）中 $|\beta_1| < 1$，所以误差项的系数，通常被称为长期均衡调整系数，亦即误差修正速度系数，表示在 $t-1$ 时期 y_{t-1} 关于 $k_0 + k_1 x_{t-1}$ 之间的偏差调整的速度，一般要遵循系数显著为负的原则，否则就表明偏离越来越远，无法再次出现均衡状态，没有研究意义。

式（4.1）的右端除了解释变量 x_t 外，还含有被解释变量 y_t 与 x_t 的滞后项，y_t 与 x_t 两变量之间有长期均衡关系，对经济经验数据而言，解释变量 x_t 与其滞后项 x_{t-1} 也高度相关，因此模型右端的这三个解释变量之间有较强的多重共线性，不适合回归分析。由于 y_t 的滞后项在模型中也作为解释变量，增强了模型随机误差项的时间序列相关性。因此，ECM除了以上介绍的特征外，还可以减弱原模型（4.1）的多重共线性和序列相关性。

ECM 的建模步骤。显然前述模型都要求变量是平稳的，即 I（0）序列，但根据恩格尔和格兰杰（Engle and Granger，1987）的协整理论：如果某些不平稳的 I（1）序列的线性组合能够成为平稳的 I（0）序列，那么这些序列间同样也存在长期均衡关系。对于两变量模型而言，恩格尔和格兰杰两步法基本思想如下：

第一步，求：

$$y_t = k_0 + k_1 x_t + u_t, \quad t = 1, 2, \cdots, T \quad\quad (4.8)$$

使用 OLS 估计，得到 $\hat{k}_0$、$\hat{k}_1$ 及随机干扰项的序列：

$$\hat{\mu}_t = ecm_t = y_t - \hat{k}_0 - \hat{k}_1 x_t, \quad t = 1, 2, \cdots, T \quad\quad (4.9)$$

第二步，用 ecm_{t-1} 替换式（4.7）中的 $y_{t-1} - k_0 - k_1 x_{t-1}$，即对

$$\Delta y_t = \beta_0 + \alpha \cdot ecm_{t-1} + \beta_2 \Delta x_1 + \varepsilon_t \quad\quad (4.10)$$

再用 OLS 方法估计式（4.10）参数，就可以实现对 ECM 的参数估计。

最后，协整与误差修正模型的关系。

对于以下长期均衡关系：

$$\gamma_1 y_{1t} + \gamma_2 y_{2t} + \cdots + \gamma_k y_{kt} = 0 \quad\quad (4.11)$$

式（4.11）的经济变量 y_{1t}，y_{2t}，$\cdots$，y_{kt}，其中 γ_1，γ_2，$\cdots$，γ_k 不全为 0。由式（4.11）表示的线性组合右端等于零时，表示经济系统是长期均衡的。相对于误差修正模型中长期均衡的离差称为均衡误差，用 ecm_t 表示：

$$ecm_t = \gamma_1 y_{1t} + \gamma_2 y_{2t} + \cdots + \gamma_k y_{kt} \quad\quad (4.12)$$

如果均衡是有意义的，则均衡误差 ecm_t，一定是平稳的，即协整关系。区别与经济学的均衡含义，恩格尔和格兰杰认为这里的均衡关系是计量经济学范畴里具有相同趋势变量的因果关系或行为。

（二）基于 ECM 模型的验证结果

面板协整关系检验之前，首先要对所要考察的变量进行单位根检验，以确定其平稳性。为了保证分析结论的稳健性，我们分别使用了 LLC 检验（Levin，Lin and Chu，2002）、IPS 检验（Im，Pesaran and Shin，2003）和 MW 检验（Maddala and Wu，1999）这三种最为常用的方法。具体结果

见表 4 - 4。

表 4 - 4　　　　　　　　　　　　　　单位根检验结果

截面数：28	时间跨度：19	LLC 值	IPS 值	MW 值	阶数
lnG	水平检验结果	-5.528（0.973）	-1.415（0.497）	1.05（1.000）	I（1）
	一阶差分检验结果	-13.55（0.001）	-2.285（0.000）	91.92（0.002）	
lnNNS	水平检验结果	-1.645（0.998）	-0.784（0.999）	23.53（1.000）	I（1）
	一阶差分检验结果	-12.88（0.048）	-1.834（0.014）	84.71（0.001）	
lnNSD	水平检验结果	-6.054（0.364）	-1.101（0.948）	2.719（1.000）	I（1）
	一阶差分检验结果	-13.44（0.001）	-2.263（0.000）	72.69（0.066）	
lnGINVE	水平检验结果	-7.663（0.443）	-1.503（0.320）	19.76（1.000）	I（1）
	一阶差分检验结果	-15.36（0.020）	-2.716（0.000）	124.34（0.000）	
lnP	水平检验结果	-7.349（0.095）	-1.481（0.388）	36.68（0.978）	I（1）
	一阶差分检验结果	-15.655（0.843）	-2.612（0.000）	144.86（0.00）	

注：（1）括号中的数值为对应的 P 值；（2）检验形式只带有截距项，无时间趋势项，但与考虑时间趋势项的结论相一致，滞后阶数的选取根据 SIC 信息准则确定。

从表 4 - 4 可知，对于各个变量的水平值进行检验时，均不能拒绝"存在单位根"的原假设，即各变量均是非平稳过程，而对各变量的一阶差分值进行检验时，检验结果绝大多数在 5% 显著水平上拒绝原假设，即各变量的一阶差分时间序列为平稳过程。因此，人均 GDP 变量（lnG）、能源供给变量（lnNSS）、能源需求变量（lnNSD）、公有制变量（lnGINVE）和价格控制变量（lnP）的时间序列变量均为一阶单整 I（1）过程。

在面板数据单位根检验的基础上，进一步做协整检验，以确定个变量之间是否存在长期关系。面板数据的协整检验大部分方法是基于残差的面板协整检验，使用类似恩格尔和格兰杰（1987）平稳回归得到的残差来构造统计检验，计算其分布，其隐含了一个重要的假设条件，就是长期误差修正系数与短期动态调整系数相同，即同位素限制，Banerjee 等（1998）研究认为，当这一假设不满足时，以残差为基础的面板数据协整检验统计量的鉴定力会大幅降低。Persyn 和 Westerlund（2008）提出了一个以误差修正模型为基础检验方法可以避免这种限制。我们将采用 Pedroni（1999）、Kao（1999）以及 Persyn 和 Westerlund（2008）三种方法对多个各变量组合进行协整检验，具体结果如表4-5所示。

表4-5　　　　　　　　　面板数据协整检验结果

检验结果		协整关系Ⅰ	协整关系Ⅱ	协整关系Ⅲ	协整关系Ⅳ	协整关系Ⅴ	协整关系Ⅵ
Pedroni (1999)	Panel ADF	-2.45 ***	-2.14 **	-2.85 ***	-10.41 ***	-4.62 ***	-9.96 ***
	Group ADF	-1.34 **	-0.953	-1.42 *	-10.40 ***	-3.53 ***	-9.87 ***
Kao(1999)	ADF	-18.12 ***	-12.77 ***	-9.56 ***	-9.56 ***	-0.85	-7.08 ***
	G_t	—	—	-2.97 **	-3.18 ***	-2.19	-2.58 **
Persyn 和 Westerlund (2008)	G_a	—	—	-7.07	-6.43	-3.10	-4.57
	P_t	—	—	-19.1 ***	-13.5 **	-13.91 ***	-13.90 **
	P_a	—	—	-9.52 **	-5.82	-4.29 ***	-6.42

注：（1）*、** 和 *** 分别表示在10%、5%和1%水平上统计显著。（2）考虑本章数据小样本性质，Pedroni检验只取小样本性质较好的Panel ADF和Group ADF统计量；G_t等四种统计量均考虑了常数项和时间趋势项，指定Bartlett核函数的窗口为3，且抽样500次。（3）协整关系Ⅰ表示对变量组合 ln$G$、lnNSS、ln$P$ 和 ln$GINVE$ 进行协整检验；协整关系Ⅱ表示对变量组合 ln$G$、lnNSD、ln$P$ 和 ln$GINVE$ 进行协整检验；协整关系Ⅲ表示对变量组合 ln$G$ 和 lnNSS 进行协整检验；协整关系Ⅳ表示对变量组合 ln$G$ 和 lnNSD 进行面板协整检验；协整关系Ⅴ表示对变量组合 ln$G$ 和 ln$P$ 进行协整检验；协整关系Ⅵ表示对变量组合 ln$G$ 和 ln$GINVE$ 进行协整检验。

从表4-5检验结果看，对于以上六组变量协整关系的各种检验，绝大部分在10%显著水平上拒绝"不存在协整关系"的原假设，即六组变量间存在长期联系。但只是证明这些变量组合之间存长期的协整关系，具体的面板误差协整系数还需进一步分析。

利用恩格尔和格兰杰（1987）回归方法等可以获得协整系数的估计，但是它们忽略了变量间的短期动态关系，结果导致严重的有限样本偏差（Harris and Sollis, 2003）。沿用 Pesaran、Shin 和 Smith（1997），采用 Stata 软件中以自回归分布滞后模型（ARDL）为基础的 *xtpmg* 命令进行协整系数的估计，变量滞后阶数按照 AIC 和 SIC 的标准得到。然后，按照误差修正速度为显著性的负值原则，对六组协整关系的误差修正模型进行筛选，只有两组符合标准。具体结果如表4-6所示。

表 4 - 6　　　　　　　　　　　**面板误差修正模型结果**

因变量	自变量的协整系数				
人均 GDP ($\ln G$)	能源供给 ($\ln NSS$)	能源需求 ($\ln NSD$)	公有制比重 ($\ln GINVE$)	价格控制 ($\ln P$)	误差修正速度
协整关系 I	0.667 *** （ - 15.58）	—	- 0.772 *** （ - 24.10）	- 0.316 *** （ - 23.49）	- 0.0450 ** （ - 2.79）
协整关系 II	—	0.986 *** （ - 72.74）	- 0.00138 （ - 0.13）	- 0.0800 *** （ - 9.40）	- 0.0651 *** （ - 3.31）

注：（1）括号内的数值为 t 统计量；（2）*、** 和 *** 分别表示在 10%、5% 和 1% 水平上统计显著；（3）协整关系 I 表示对变量组合 $\ln G$、$\ln NSS$、$\ln P$ 和 $\ln GINVE$ 进行协整检验；协整关系 II 表示对变量组合 $\ln G$、$\ln NSD$、$\ln P$ 和 $\ln GINVE$ 进行协整检验。

　　表 4 - 6 中误差修正速度的显著性值得关注，这表明这两组协整关系存在误差修正机制，也就是说，当经济发展过程中人们的收入受到暂时冲击产生波动时，能源的供给或需求在一定程度上促使收入趋向均衡水平。在长期关系中，协整关系 I 的各变量对实际人均 GDP 水平的影响都很显著，能源的供给有利于收入（或产出）持续增加，而公有经济比重过高和政府的价格控制都明显阻碍收入的提高；协整关系 II 的长期误差项中能源的需求变量显得更加显著，利于增加收入，与协整关系 I 一样，政府的价格控制不利于收入的长期提高。此时，反映公有经济比重变量的系数不再显著，公有经济在能源的需求市场中对提高收入表现不明显。

　　总之，从资源的需求与供给角度来看，在供给市场上公有经济比重对人均收入提高的抑制作用比在需求市场上强，这也比较接近事实，作为资源供给地，如西部地区，人均收入较低，而产业上游的资源基本都掌握在公有经济手中；而资源被大量消费的地区，如东部地区，人均收入较高，经济活动中公有经济比重偏低，政府的价格控制尽管对收入影响显著，但已经弱很多，表现出市场经济相对完善。因此，通过面板数据的误差修正模型分析，价格双轨制始终不利于地区人均收入的提高，尤其是对于资源供给地，亦即资源较富集地区更加明显；同时，公有经济比重对资源较富集地区人们的收入提高有较强的抑制作用。从长期关系上来看，这个结论证实了假设 1 和假设 2 各自后半部分命题成立。两者共同的作用在一定程度上加剧了地区经济差距，也显示出我国特有的资源诅咒现象。

第五节　本章小结

本章通过实证研究，基于中国省际层面的实证分析和计算，从体制双轨制视角，包括产权双轨制和价格双轨制，就自然资源与经济发展之间的关系进行探讨和分析，得出以下主要结论：

第一，通过数据的初步观察和实证分析，资源诅咒现象在我国确实存在。公有经济比重对人均产出的影响由不显著变为显著的副作用，表明经济体制的转变过于缓慢会不利于人均产出的提高。价格双轨制自始至终对人均产出的影响不断减弱，但从总体上看，价格双轨制在一定程度上掩饰了资源诅咒现象，使得这个命题在考察一般经济影响因素时结论变得有争议，出现不同的研究结果。

第二，中国式的资源诅咒的特殊性源于体制双轨制。由于资源的国有产权与资源价格由国家调控，资源租耗散为国有企业的垄断利润或下游产品的利润，使具有要素禀赋优势的地区无法分享资源租，中西部区一些资源相对富集的地区难以把资源优势转为经济发展优势。体制双轨制改革如果不彻底，在某个特定阶段形成的既得利益集团势必成为妨碍改革进一步推进的阻力，还会产生腐败、"寻租"、社会不公等。这些在一定程度上会延续，甚至强化资源诅咒现象。

第三，通过建立面板误差修正模型发现，地区的经济发展水平、资源供应（或需求）与双轨制（政府价格控制程度、公有经济比重）存在长期协整关系。价格双轨制对人均产出的不利影响在资源较富集的地区更为明显，现阶段，公有经济比重过高的地区对该地的人均产出产生了较强的抑制作用。总之，体制双轨制是造成我国地区收入差距的重要原因。

第五章 中国区域资源诅咒的内生增长解释

——基于人力资本的异质与投入

内生经济增长理论揭示了一国经济实现长期稳定增长的内在机制，其中人力资本和技术进步起到关键性作用。人力资本外部性模型（Uzawa，1965；Lucas，1988；Acemoglu，1996、1997）和内生技术变迁模型（Romer，1987、1990；Grossman and Helpman，1991；Aghion and Howitt，1992；Gancia and Zilibotti，2005）分别抓住了这两大内生经济增长的驱动因素。本章将在前者的基础上分析中国资源诅咒的问题。Galor 和 Moav（2004）提出，人力资本积累代替实物资本积累正在成为经济增长的主引擎。而我国正处于经济发展转型的特殊时期，地区不同类型的人力资本分布差异较大，其异质性对本地区经济增长是否存在不同的影响？资源富集地大规模的开发是否促进了本地区的经济快速发展？主要的能源产出地区大量开发自然能源资源是否"挤出"了本地区较高层次的知识人才？基于这一目的，本章将利用我国省际面板数据，检验我国资源诅咒问题。

第一节 基于人力资本异质的视角

一 人力资本异质相关文献综述

从文献研究看，首先，人力资本对经济增长的贡献主要集中在两类模型，即卢卡斯（1988）机制和纳尔逊—菲尔普斯（Nelson – Phelps，1966）机制。前者认为，人力资本作为生产过程中必需的直接投入要素促进经济增长；后者认为，人力资本不是直接经济增长要素，而是通过影响"技术进步"间接地作用于经济增长。国内的学者使用了一国数据不断丰富了这一理论，多数侧重于总量人力资本对经济增长的作用机制

（边雅静，2004；王永齐，2006；王第海等，2009），仅有少数的学者针对差异性的人力资本作用机制进行了研究。刘智勇等（2008）采用了条件均值模型（如截面 OLS 或面板数据分析）实证了人力资本中初等教育的劳动力不能通过以上两种机制对经济增长产生作用，且中、高等教育只能通过纳尔逊—菲尔普斯机制和两种机制的联合作用促进经济增长，不能通过 Lucas 机制作用于经济增长。彭国华（2007）运用了 GMM 估计方法对面板数据进行了实证，结果表明只有接受过高等教育的人力资本才对全要素生产率有显著的促进作用。夏万军和纪宏（2007）在面板数据模型中引入了人力资本的平均指标和离散指标，结果表明各地区不同层次教育水平的比重对各地区经济增长影响的效果不同，建议在资源有限情况下进行人力资本投资时，要有的放矢。鉴于人力资本不同类型对经济增长的贡献不同和同一类型的人力资本对不同国家或地区影响存在差异这两个方面，本章同时采用异质性人力资本指标和分位数回归方法，进行可能更为确切的分析。然后，能源资源开发对经济增长影响的研究集中在对我国地区是否存在资源诅咒现象的争议。国内绝大多数学者（徐康宁和王剑，2006；胡援成和肖德勇，2007；邵帅和齐中英，2008）都认为，我国全国或地区层面上存在这种现象，采用的实证方法都是建立在条件均值的模型基础上。此外，仅少数文献深入分析我国地区间的人力资本分布的差异对资源诅咒这个命题的影响。即使有少量的文献讨论，也是把我国粗略地分为东部、中部和西部三大地区经济型分析，事实上地区的划分很难有一个清晰的准则，且地区本身内部也有可能存在巨大差异。为此，本章将基于实际数据客观区分地域来进行探讨，首先，采用分位数回归分析方法替代多数文献中使用的条件均值模型，考察资源开发和人力资本对区域经济增长的影响，考虑人力资本的类型对经济增长的影响具有明显差异，我们将引入不同教育层次的人力资本变量。然后，利用面板协整的方法，检验能源开发是否真的"挤出"某种类型的人力资本。

二　模型的设置及数据说明

（一）估计模型

与多数文献一样，本章主要参照 MRW（1992）的模型，同时为了应用分位数回归，遵循 Canarella 和 Pollard（2004）的方法处理，假定 t 期的 i 地区人均 GDP 增长率不同分位点的分布也能被生产规模报酬不变的 C – D 生产函数描述：

$$Y_t = (A_t L_t)^{1-\alpha(\theta)-\beta(\theta)-\gamma(\theta)} K_t^{\alpha(\theta)} H_t^{\beta(\theta)} N_t^{\gamma(\theta)} \tag{5.1}$$

式（5.1）中，Y 表示产出，A 表示技术进步，L 表示劳动力，K 表示资本存量，H 表示人力资本，N 表示能源资源，AL 表示有效劳动，参数 $\alpha(\theta)$、$\beta(\theta)$ 和 $\gamma(\theta)$ 表示不同地区在人均 GDP 增长率的第 θ 分位点资本、人力资本和能源资源对产出的贡献比例，说明了与条件均值模型的差异，这里显示了不同分位点的参数估计值有差别。

构造利润函数：

$$F = Y - r_k K - r_h H - r_n N - wAL$$

根据竞争性市场的利润最大化和市场出清时，各投入资本收益相同的条件。可知：

$$K/N = \alpha(\theta)/\gamma(\theta) \tag{5.2}$$

$$H/N = \beta(\theta)/\gamma(\theta) \tag{5.3}$$

K/N 和 H/N 分别表示每单位能源资源的资本配置率和人力资本配置率，而 γ 表示对资源的依赖程度，式（5.2）反映当其他经济因素不变情况下，经济发展对能源资源的依赖程度越高，其资本配置率反而越低，暗示资源诅咒存在的可能。同理，式（5.3）也说明了经济发展对能源资源的依赖程度越高时，其人力资本配置率越低，暗示能源的开发对人力资本投入可能存在"挤出效应"，具体地对哪一类型的人力资本有影响，我们将在下面实证分析中考察。

与条件均值模型一样，我们假设技术 g 和劳动力的增长率 n 是外生给定，资本存量有效折旧率 σ 为常数，k、h 和 m 表示国民收入中在物质资本、人力资本和能源开发上的固定投资比例。那么，经济增长过程将决定于：

$$k = ky - (n+g+\delta)k$$

$$h = hy - (n+g+\delta)h$$

$$m = my - (n+g+\delta)m$$

式中，$y = Y/AL$、$k = K/AL$、$h = H/AL$、$m = Y/N$，分别表示单位有效劳动力的产出、物质资本、教育资本和能源开发资本。然后构造汉密尔顿函数，求得经济收敛于均衡状态时的 k^*、h^* 和 m^*，代入生产函数式（5.1），取对数可得收敛方程：

$$\ln(y_t) - \ln(y_0) = \varepsilon(\theta) + [1 - e^{-\lambda(\theta)t}]\ln(y_0) - [1 - e^{-\lambda(\theta)t}]\ln(A_0)$$

$$+ [1 - e^{-\lambda(\theta)t}]\frac{\alpha(\theta)}{1-\alpha(\theta)-\beta(\theta)-\gamma(\theta)}\ln(k)$$

$$+ \left[1 - e^{-\lambda(\theta)t} \right] \frac{\beta(\theta)}{1 - \alpha(\theta) - \beta(\theta) - \gamma(\theta)} \ln(h)$$

$$+ \left[1 - e^{-\lambda(\theta)t} \right] \frac{\gamma(\theta)}{1 - \alpha(\theta) - \beta(\theta) - \gamma(\theta)} \ln(m)$$

$$- \left[1 - e^{-\lambda(\theta)t} \right] \frac{\alpha(\theta) + \beta(\theta) + \gamma(\theta)}{1 - \alpha(\theta) - \beta(\theta) - \gamma(\theta)} \ln(n + g + \sigma)$$

式中，$\lambda(\theta) = \left[1 - \alpha(\theta) - \beta(\theta) - \gamma(\theta) \right](n + g + \sigma)$。为了计量检验，增加其他控制变量 X，我们将以上改写为本章将要估计的基本方程：

$$\ln(y_t) - \ln(y_0) = \beta_0 + \beta_1 \ln(y_0) + \beta_2 \ln(k) + \beta_3 \ln(h) + \beta_4 \ln(m)$$
$$+ \beta_5 \ln(n + g + \sigma) + \beta_6 \ln(A_0) + \alpha X + \varepsilon \qquad (5.4)$$

式（5.4）中，β_j（$j = 1, 2, 3, 4, 5, 6$）和 α 为各解释变量的估计系数。人均 GDP 变量 y_0 和技术进步水平 A_0 为期初的静态指标，为了方程估计更具有稳健性，我们额外增加了一般文献常用的经济控制变量，包括政策变量、对外开放度、金融深化等。

（二）变量设计与数据说明

1. 变量设计与数据说明

本章所用的样本包括 1990—2008 年我国 29 个省市区的数据，因西藏数据变异性比较大，重庆数据并入四川省。数据源于历年各省区的统计年鉴、《中国工业经济年鉴》、《中国经济普查》、《中国统计年鉴》、《劳动统计年鉴》、第五次人口普查资料和中经网数据库等。下面就本章主要变量的选取和计算做进一步介绍。

将 1990—2008 年的实际人均 GDP 平均增长率定义为 $\left[\ln(y_{2008}) - \ln(y_{1990}) \right] / 29$（邵帅，2008；周业安，2008）。表示人均 GDP 的被解释变量 y_t 用 t 年实际 GDP 与本年年末总人口的比例计算。人力资本的变量指标 h 用各省受教育层次不同的从业人员占该地区从业人口比例来表示，分别为文盲、小学、初中、高中和大专及以上。物质资本存量的变量指标用各省每年固定资产投资总额与该地区当年 GDP 的比重度量。自然资源开发的变量指标用能源工业（包括煤炭采选业、石油和天然气开采业、石油加工、炼焦及核燃料加工业、电力和热力生产和供应业、燃气生产和供应业六大能源工业）产值占工业总产值比重来表示，即能源开发强度。g 和 σ 在文献中通常被赋予一个合理的数值，这里我们类似于 MRW，分别为 0.02 和 0.03。另外，对于技术进步 A_0，MRW 直接省略了，但是，如果技术进步与物质资本投资、人力资本投资等其他变量相关时，会导致遗漏变量而产生内生性问题，所以，这里采用初始人均 GDP 作为代理变量，用来说明初始技术进步差异对实际人均 GDP 增长率的影响。同时，本章也增加了国内研究中经常使用的控制变量，包括所有制结构变量 gov、城市化水平变量 urban、对外开放程度变量 ope 和金融深化变量 fin。其中，所有制结构指标使用国有固定资产投资额与全年固定资产投资额比重来衡量，城市化水平指标采用城镇人口占总人口的比重度量，因 2000 年统计口径变化，就辅以非农人口对指标进行少许调整。对外开放程度指标使用各省区出口总额（通过当年平均汇率换算）占当年 GDP 的比重度量，金融深化指标采用金融机构存贷款占 GDP 的比重来度量，周立（2002）研究也认为，如果不计流通中现金影响，全部金融机构存贷款相关指标对金融发展规模的代表性在95% 以上。表 5 - 1 给出主要变量的描述性统计。

表 5 - 1 变量的描述性统计

变量	观测值	单位	均值	标准差	最小值	最大值
初始人均 gdp（1990）	29	元	1881.269	1129.739	795.996	6090.541
实际人均 gdp	551	元	5215.01	4515.77	795.996	32539.3
平均受教育年限 edu	551	年	8.034	1.181	5.449	11.923
文盲教育 ill	551	%	11.642	8.569	0.8	44.3
小学教育 pri	551	%	31.468	9.233	5.7	52.3
初中教育 jus	551	%	38.027	8.887	15.9	59.6
高中教育 sen	551	%	13.203	5.399	4.5	36.1
大专及以上教育 col	551	%	5.666	5.058	0.8	35.71
人口自然增长率 n	551	%	0.775	0.433	-0.19	1.882
能源开发强度 nns	551	%	0.470	0.401	0.0149	1.781
物质资本 inve	551	%	38.944	12.222	15.33	78.437
对外开放 ope	551	%	1.466	3.054	0.010	19.294
城镇化率 urba	551	%	36.757	17.078	12.26	87.5
金融深化 fin	551	%	7.208	6.430	0.558	33.558
所有制结构 gov	551	%	57.91	19.958	11.355	89.883

资料来源：历年《中国统计年鉴》、中经网。

2. 问题的初步统计观察

在正式分位数回归分析之前，根据模型和样本数据，针对本章关注的研究对象进行初步判断。图 5 - 1 显示，我国从业人员的受教育程度与人均 GDP 平均增长率之间的关系。很明显，文盲和受小学教育的劳动力比重都与经济增长存在负相关关系，而受到初中及以上教育程度的人员比重与经济增长存在正相关关系，这表明经济增长中的劳动力人力资本具有异质性特点，因此，只通过笼统地使用受教育年限这个变量考察人力资本对经济增长的作用具有一定局限性。

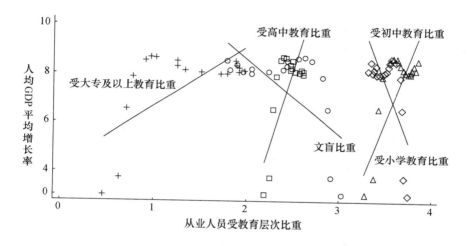

图 5 - 1　人均 GDP 平均增长率与从业人员受教育程度

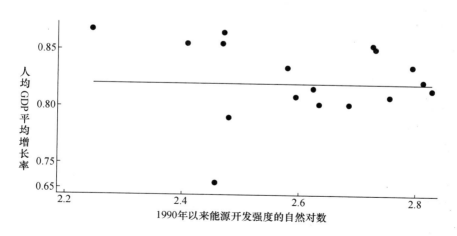

图 5 - 2　人均 GDP 平均增长率与能源开发强度

图 5 - 2 显示，我国能源开发程度与人均 GDP 平均增长率之间的关系，总体来说，拟合线趋于水平，表现出的关系并不明确，但是如果忽略图 5 - 2 中最下方的奇异观测点，拟合线可能向右下方倾斜，呈现出两者的负相关关系。当然，在没有其他控制变量的情况下，仅仅观察二元相关性，并不能说明两图中各自所显示的两者之间的真实关系，也不能说明相应的变量对经济增长的具体影响（万广华等，2006）。

三　计量实证与分析

（一）基于分位数回归的资源诅咒问题分析

本章采用分位数回归方法，旨在区分在条件不同位置，人力资本异质性和能源开发会对经济增长产生怎样的影响。下面将简介分位数回归模型的基本原理，然后，进行经验数据实证分析。

1. 分位数回归模型的基本原理

分位数回归方法最早是由 Koenker 和 Bassett（1978）提出来的，是对经典的条件均值模型的扩展，是一种基于被解释变量的条件分布来拟合解释变量线性函数的回归方法。该方法已经被广泛应用于经济、社会、环境和医学等领域，之所以备受关注主要有以下几个优点：

第一，比起普通最小二乘法（OLS），分位数回归能估计出分位数点对应着不同的回归系数，因此能给出被解释变量的条件分布不同位置的特征，较仅有条件分布均值函数的 OLS 方法更具有完整性。

第二，分位数回归方法允许被解释变量的条件分布为非标准分布，如非对称分布、厚尾分布或多峰分布等，而 OLS 方法估计条件需要误差项服从相同分布，明显违背现实，分位数回归一定程度上放松了这一参数同质性的假设，更便于发现变量间的随机关系。

第三，分位数回归对于样本数据异常值的敏感程度小于条件均值回归方法，只受到是否存在异常值，但与该异常值的位置无关，所以其稳健性较强。下面对分位数回归做简要介绍。

对于任意随机变量 Y，它的所有性质都可以由 Y 的分布函数即 $F(y) = \Pr(Y \leqslant y)$ 来描述。对于任意 $0 < \tau < 1$ 定义的随机变量 Y 的 τ 分位数函数 $Q(\tau)$ 为（李育安，2006）：

$$Q(\tau) = \inf\{y: F(y) \geqslant \tau\} \tag{5.5}$$

它完全刻画了随机变量 Y 的性质，可以看出，在存在比例为 τ 的部分小于分位数函数 $Q(\tau)$，而比例为 $1 - \tau$ 的部分位于分位数函数 $Q(\tau)$ 之上。

对于任意的 $0 < \tau < 1$，定义"检验函数"$\rho\tau(\mu)$ 为：

$$\rho\tau(\mu) = [\tau - I_{(\mu<0)}]\mu = \begin{cases} \tau\mu & \mu \geq 0 \\ (\tau-1)\mu & \mu < 0 \end{cases} \tag{5.6}$$

式中，$I_{(\mu<0)}$ 为示性函数，由检验函数式（5.6）定义。图 5-3 可以看出，检验函数是分段函数，且 $\rho\tau(\mu) \geq 0$。

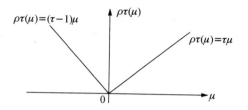

图 5-3　检验函数 $\rho\tau(\mu)$ 示意

由定义式（5.6），当 μ 取 $y - \zeta$ 时，则有：

$$\rho\tau(y-\zeta) = \tau(y-\zeta)I_{(y-\zeta\geq0)} + (\tau-1)(y-\zeta)I_{(y-\zeta\geq0)} \tag{5.7}$$

在式（5.7）两边同时取期望值，积分并求导得到：

$$0 = \min_{\zeta\in\mathbf{R}}E[\rho\tau(y-\zeta)] = (\tau-1)\int_{-\infty}^{\zeta}(y-\zeta)\mathrm{d}F(x) - \tau\int_{\zeta}^{+\infty}(y-\zeta)\mathrm{d}F(x)$$

$$= F(\zeta) \tag{5.8}$$

因为分布函数 F 是单调函数，则集合 $\{y: F(\zeta) = \tau\}$ 中任意元素都满足条件。而由定义式（5.5），若令 $Q(\tau) = \hat{y}$ 时，则 $\hat{y}$ 是唯一。于是，τ 分位数的样本分位数线性回归式则满足：

$$\min_{\beta\in\mathbf{R}^k}\sum\rho\tau[y_i - x'_i\beta(\tau)]$$

的解 $\beta(\tau)$，它的展开式为：

$$\min_{\beta(\tau)\in\mathbf{R}^k}\sum_{i:y_i\geq x'_i\beta(\tau)}\tau|y_i - x'_i\beta(\tau)| + \sum_{i:y_i<x'_i\beta(\tau)}(1-\tau)|y_i - x'_i\beta(\tau)|[\tau\in(0,1)]$$

在线性条件下，给定 x 后，Y 的 τ 分位数函数为：

$$Q_y(\tau\mid x) = x'\beta(\tau)\tau\in(0, 1)$$

在不同的 τ 下，就能得到不同的分位数函数。随着 τ 由 0—1，就能得到所有 y 在 x 上的条件分布轨迹，即一簇曲线，而不像线性回归只能得到一条曲线。对于分位数回归的估计值检验，Buchinsky（1998）模拟验证了 $\beta(\theta)$ 具有一致性和渐进有效性。从回归过程来看，显然是建立在截面数据的基础之上的，具有一定的局限性。本章对其稍做扩展，增加虚拟变量使其能够应用到面板数据。另外，考虑到所用数据的小样本性质，将采用 Bootsrap 方法（Buchinsky，1998）估计方差—协方差矩阵。

2. 基于分位数回归的经验分析

与既有文献考察方式类似，为了便于对估计结果的相互比较，我们也对式（5.4）进行两种方法的回归估计。首先进行条件均值模型估计，最为普遍的是 OLS 估计。从本章样本数据来看，所得的 F 统计量拒绝了混合型 OLS 估计，之后，在选择使用固定效应回归还是随机效应回归方式的问题上，根据目标估计模型式（5.4）中存在的一类不随时间变化的初始人均 GDP 变量和另一类随时间变化的通常意义上的干扰项，共同构成了估计方程的随机干扰项，吻合面板数据随机效应模型估计方式的思路①，且本章需要考察初始人均 GDP 变量的系数，实际的问题需要比仅基于样本的 Hausman 检验更加适当，故选择随机效应方式对样本进行处理。然后进行了分位数回归估计，本章基于数据的小样本性选择了五个分位点，分别为 0.1、0.25、0.5、0.75 和 0.9。同时，为了便于比较，还考察了以平均教育年限来衡量总体人力资本对经济增长的影响。值得注意的是，相对于从业人员受教育层次的比重，平均教育年限的参数解释会有所不同。鉴于篇幅，列出主要变量的回归结果，如表 5-2 和表 5-3 所示。

表 5-2　主要变量的回归结果（被解释变量为实际人均 GDP 增长率）

	随机效应	分位点				
		q10	q25	q50	q75	q90
平均教育年限	9.266 *** (5.18)	10.98 *** (3.81)	7.742 *** (2.83)	6.553 *** (3.29)	3.255 ** (2.38)	4.099 *** (3.33)
能源开发强度	-0.576 *** (-2.68)	0.242 ** (2.29)	0.136 * (-1.73)	0.341 (0.90)	0.381 (0.96)	0.237 (0.71)
ln $(n+g+\sigma)$	-22.44 *** (-9.07)	-32.56 *** (-7.30)	-33.60 *** (-7.92)	-16.79 *** (-4.35)	-11.19 *** (-4.06)	-7.302 *** (-3.43)

---

① 参考 William H. Greene《计量经济分析》第五版，中国人民大学出版社 2009 年版，第 307—360 页。

续表

	随机效应	分位点				
		q10	q25	q50	q75	q90
物质资本	2.712 *** (7.09)	0.852 (1.25)	1.722 *** (3.13)	1.820 *** (3.74)	2.360 *** (4.95)	2.364 *** (5.87)
初始人均GDP	-2.808 *** (-4.27)	-4.347 *** (-6.81)	-2.192 *** (-4.64)	-0.334 (-1.20)	0.337 (1.41)	0.507 (0.91)
常数项	58.41 *** (7.09)	114.3 *** (5.81)	108.4 *** (5.55)	67.14 *** (3.49)	56.48 *** (3.24)	66.15 *** (3.90)
观测值	551	551	551	551	551	551
Wald 卡方值	700.16	—	—	—	—	—
Pseudo R^2	—	0.6204	0.5622	0.5484	0.5954	0.6424

注：（1）括号内的数值为标准差；（2）*、** 和 *** 分别表示在10%、5% 和 1% 水平上统计显著。

从条件均值模型的面板随机效应估计结果表 5-2 和表 5-3 中可知，平均教育年限所衡量的人力资本对经济增长有明显推动作用（林毅夫，1999；邹薇，2003），但具体到从业劳动力的受教育层次比重，中等教育（初、高中）才对经济发展有明显促进作用，原因可能在于教育对经济的收益存在滞后性；能源开发强度与经济增长的关系表现为负相关，说明能源越丰裕的地区经济增长越慢，一定程度存在资源诅咒的现象。在所有回归结果中，$\ln (n+g+\sigma)$ 的负参数值均符合新古典理论的观点，即人力资本和物质资本投资促进人均收入水平的增长，但是人口的增长会影响个人收入增加，所以当 $g+\sigma$ 为常数时，该参数为负。

从条件分布模型的分位数回归结果来看，会更加丰富。表 5-2 中，人力资本在经济增长的不同分位点处影响力度出现明显差异，较高分位点处的参数值减小很多，说明提高教育程度在较落后地区更加迫切，经济增长所得的收益也比较大；当考察人力资本分布的异质性时，从表 5-3 可知，文盲的从业人员比重对低分位点处（山西、黑龙江、四川、云南、贵州、青海和宁夏）的经济增长有比较显著推动作用，但是对较高分位点处（天津、河北、内蒙古、上海、安徽、河南、湖北、湖南、广东、广西和海南）有显著的阻碍，说明较发达地区经济增长逐渐受到文盲层次人力资本的约束，但在我国发达地区的高层次教育的人力资本重要性仍然未显著显现。

受小学教育和高等教育从业人员比重与地分位点处的经济增长之间的关系均显著为负，原因在于小学教育是其他教育的基础，为净投入，尤其对于负担较重的经济发展较落后地区负影响更为明显，而高等教育从业人员比重对经济增长的影响尽管没有显著性的结论，但是按分位点由低到高依次负影响逐渐减弱，说明其对经济的促进作用将日益明显，只是目前高层次教育从业人员比重偏低（李国璋，2008；王第海，2009）。

表 5－3　主要变量的回归结果（被解释变量为实际人均 GDP 增长率）

	随机效应	分位点				
		q10	q25	q50	q75	q90
文盲	0.35 **	0.811 *	0.949 **	0.079	-0.707 *	-1.000 ***
	(1.15)	(1.87)	(2.22)	(0.17)	(-1.96)	(-3.43)
小学教育	-0.739	-2.922 **	-1.007	0.167	0.433	0.475
	(-1.15)	(-2.31)	(-0.92)	(0.17)	(0.71)	(1.15)
初中教育	4.516 ***	8.819 ***	7.805 ***	3.562 **	0.996	-0.291
	(4.78)	(4.19)	(5.05)	(2.26)	(0.90)	(-0.35)
高中教育	2.695 ***	4.686 ***	2.865 **	1.173	-0.572	-0.874
	(3.69)	(3.26)	(2.28)	(0.95)	(-0.77)	(-1.57)
大专及以上教育	(0.34)	-1.065 *	-0.365	-0.123	-0.12	-0.067
	(-0.92)	(-1.86)	(-0.72)	(-0.29)	(-0.33)	(-0.22)
能源开发强度	-0.548 ***	0.217 *	0.0413	0.271	0.26	0.11
	(-2.55)	(1.72)	(0.11)	(0.69)	(0.69)	(0.34)
$\ln (n+g+\sigma)$	-20.46 ***	-23.63 ***	-27.74 ***	-18.12 ***	-9.544 ***	-7.194 ***
	(-8.02)	(-4.45)	(-7.57)	(-3.92)	(-4.13)	(-3.52)
物质资本	2.916 ***	1.223 *	1.322 **	1.795 ***	2.297 ***	2.325 ***
	(7.00)	(1.65)	(2.47)	(2.75)	(4.13)	(5.68)
常数项	50.75 ***	75.88 ***	69.58 ***	44.83 ***	30.56 ***	30.71 ***
	(5.24)	(4.35)	(5.03)	(2.85)	(2.94)	(2.88)
观测值	551	551	551	551	551	551
R^2（或 Wald 卡方值）	784.58	0.6434	0.5841	0.5525	0.5971	0.6487

注：（1）括号内的数值为 t 统计量；（2）*、** 和 *** 分别表示在 10%、5% 和 1% 水平上统计显著。

表 5-2 和表 5-3 的分位数回归结果中，能源开发强度对经济增长分位点处的影响不尽相同，这里只能显示 0.1 低分位点处（山西、云南、贵州和宁夏）的经济增长地区对能源开发有一定依赖，而其他地区没有受到能源资源的约束，甚至能源资源的开发阻碍了其经济增长。所以，相对于各个区域来说，存在资源诅咒的现象仍然有待于进一步探讨。原因可能是相对于各个地区的能源开发对经济的贡献，其他经济发展要素对经济的影响更加突出，比如对外开放、基础建设和旅游开发等。

（二）基于 ECM 的资源开发对人力资本分布差异的影响

本章将采用面板协整方法检验能源开发是否对地区人力资本类型的积累产生作用，如果存在，就根据协整关系来判断是"挤入"还是"挤出"这种类型人力资本的形成。

面板协整检验之前，首先要对所要考察的变量进行单位根检验，以确定其平稳性。为了保证分析结论的稳健性，我们分别使用了 LLC 检验、IPS 检验和 MW 检验这三种最为经常使用的方法，检验形式只带有截距项，无时间趋势项，但与考虑时间趋势项的结论相一致，滞后阶数的选取根据 SIC 信息准则确定。从检验结果看，对于各个变量的水平值进行检验时，均不能拒绝"存在单位根"的原假设，即各变量均是非平稳过程。而对各变量的一阶差分值进行检验时，检验结果均在 1% 显著水平上拒绝原假设，即各变量的一阶差分时间序列为平稳过程。因此，$\ln nns$、$\ln edu$、$\ln ill$、$\ln pri$、$\ln suj$、$\ln sen$ 和 $\ln col$ 的时间序列变量均为一阶单整 I（1）过程。

在面板数据单位根检验基础上，进一步做协整检验，以确定各变量之间是否存在长期关系。同样，我们也是采用 Pedroni（1999）、Kao（1999）以及 Persyn 和 Westerlund（2008）三种方法对各变量组合进行协整检验，具体结果如表 5-4 所示。

表 5-4　　　　　　　　面板数据协整检验结果

检验结果		与平均教育年限	与文盲	与小学教育	与初中教育	与高中教育	与大专及以上教育
Pedroni（1999）	Panel ADF	-2.141 (0.006)	3.287 (0.001)	2.980 (0.005)	-3.780 (0.001)	-4.308 (0.000)	-1.906 (0.033)
	Group ADF	-1.614 (0.000)	4.5347 (0.000)	2.612 (0.013)	-4.257 (0.000)	-4.380 (0.000)	-2.494 (0.018)

续表

检验结果		与平均教育年限	与文盲	与小学教育	与初中教育	与高中教育	与大专及以上教育
Kao（1999）	ADF	-3.069 （0.001）	2.086 （0.019）	1.705 （0.005）	3.044 （0.001）	-1.894 （0.003）	-0.068 （0.057）
Persyn 和 Westerlund （2008）	Gt	-2.260 （0.028）	-2.176 （0.050）	-2.150 （0.066）	-2.081 （0.088）	-1.912 （0.204）	-2.280 （0.022）
	Ga	-7.742 （0.024）	-7.480 （0.042）	-7.019 （0.086）	-6.138 （0.218）	-5.756 （0.334）	-7.445 （0.054）
	Pt	-8.462 （0.292）	-8.221 （0.320）	-7.706 （0.424）	-8.940 （0.234）	-6.327 （0.672）	-8.791 （0.272）
	Pa	-5.644 （0.118）	-5.522 （0.134）	-4.753 （0.260）	-4.959 （0.232）	-3.395 （0.634）	-5.366 （0.178）

注：（1）括号中的数值为对应的 P 值。（2）考虑本章数据小样本性质，Pedroni 检验只取小样本性质较好的 Panel ADF 和 Group ADF 统计量；Gt 等四种统计量均考虑了常数项和时间趋势项，指定 Bartlett 核函数的窗口为 3，且抽样 500 次。

从表 5 - 4 检验结果看，对于以上变量协整关系的各种检验大部分在 0.1 显著水平上拒绝"不存在协整关系"的原假设，即变量间存在长期联系。但按 Persyn 和 Westerlund（2008）的检验，检验结果并不很明确。然后，我们将结合面板误差协整系数的计算进行筛选和进一步的问题分析。

同样在面板协整检验的基础上，估计人力资本异质性与能源开发之间的协整参数。按照误差修正速度为显著性的负值原则和协整估计参数的显著性，对六组协整关系的误差修正模型进行筛选和估计，得到只有三组符合要求。具体结果如表 5 - 5 所示。

表 5 - 5　　　　　　　　面板误差修正模型估计结果

解释变量：能源开发	被解释变量		
	平均教育年限	高中教育	大专及以上教育
误差修正速度	-0.0239*** （-10.36）	-0.0834*** （-8.61）	-0.177*** （-8.33）
长期动态关系	0.565*** （3.61）	0.650*** （4.86）	0.859*** （8.80）

续表

解释变量：能源开发	被解释变量		
	平均教育年限	高中教育	大专及以上教育
短期动态关系	− 0. 0221 **	− 0. 0909 **	− 0. 258 ***
	(− 2. 00)	(− 2. 06)	(− 2. 95)
常数项	0. 0660 ***	0. 204 ***	0. 504 ***
	(9. 12)	(7. 61)	(8. 67)
观测值	522	522	522
最大似然值	1308. 2	606. 7	239. 8

注：（1）括号内的数值为 t 统计量；（2） *、** 和 *** 分别表示在 10% 、5% 和 1% 水平上统计显著。

表 5 − 5 中误差修正速度的显著性值得关注，这表明协整关系存在误差修正机制，也就是说，当经济发展过程中，某种受教育层次的从业人员比重受到暂时冲击而发生变化时，能源开发行为在一定程度上促使该比重趋向于最终均衡状态。观察有效的估计可知，以上各组所表达的经济含义类似，只是参数值不同而已。短期动态关系上，平均教育年限和高中教育比重的参数绝对值很小，而大专及以上教育的参数绝对值较大，数倍于前者。这说明，相对而言，能源开发短期内对高层次教育的人力资本发展抑制性较强。长期动态关系上，能源开发最终会推动教育的发展，对高层次教育的从业人员比重的提高更为有力。因此，我们可以认为，能源开发与高层次教育人员的比重之间存在相对于其他类型人力资本更加明显的互动关系，在短时间内，对能源富集地的开发将会较明显"挤出"高层次教育的劳动力，而长期来看，如同其他经济要素一样，将会促进人力资本教育层次的提升。

总之，本节通过分位数回归的方法主要实证考察了能源开发、人力资本分布的异质性和 1990 年的初始人均 GDP 三个方面与经济增长之间的作用关系。产生以下几点主要结论。

第一，显示低分位数处的经济增长区域对能源开发有一定程度的依赖，该地区的能源开发能促进本地经济发展，对其他地区经济发展的影响没有明确的结论。

第二，分位数回归结果显示文盲的从业人员比重对地分位点处的经济增长比较显著的推动作用，对较高分位点处则有显著的约束性，受小学教育和高等教育从业人员比重对低分位点处经济增长区域有明的负影响，但是高等教育层次的比重按分位点由低到高依次负影响逐渐减弱，说明其对经济的促进作用将日益明显，只是目前高层次教育从业人员比重仍然偏低。

第三，通过协整检验结论知道，能源开发与较高层次教育（大专及以上）从业人员的比重之间存在相对于其他类型人力资本更为明显的互动关系。在短时间内，对能源的开发将会较明显地"挤出"较高层次教育的劳动力，而长期来看，将会促进人力资本教育层次的提升。

第二节　基于增强型人力资本投入的视角

一　人力资本投入的相关文献综述

自然资源和人力资本是一国或地区经济增长过程中关键的生产要素，都有着各自鲜明的特点。鲍莫尔（Baumol，1986）认为，自然资源可以直接参与生产活动作用于经济发展，其物质存量是有限的且会随着整个社会的经济增长慢慢减少。自然资源的这种稀缺性必然会对新古典经济增长模型中经济均衡增长路径产生严格的约束（Meadows，Randers and Behrens，1972）。鲍莫尔还认为，技术进步会提高自然资源在经济发展过程中的经济贡献，并影响资本存量，间接地再次作用于经济发展，所以其经济存量会不断增加。自然资源的物理和经济双重特性使得一般的经济增长模型难以刻画。人力资本在经济增长理论中是一个很重要的概念。新古典模型在加入人力资本之后，可以很好地解释跨国经济增长；内生经济增长模型理论认为，没有人力资本增长就不会有经济的增长，经济持续增长的原因在于人力资本能够持续增长。霍尔和琼斯（Hall and Jones，1999）研究认为，地区之间的经济发展差异大致有 25% 源于人力资本的差异，因此资源诅咒①的产生在一个国家内很可能受制于人力资本的投入。人力资本的投入对资源诅现象的影响程度在三个主要因素中达到 85%（邵帅、齐中英，2008）。胡援成等（2007）认为，人力资本的投入对经济增长的影响最为明显。影响人力资本构成的因素很多，如教育、健康、在职培训、"干中学"和迁徙等多种具体形式，如果同时考虑这些因素，必造成模型和数学处理很复杂。在这些因素中，受教育程度与健康状况是决定人

---

① 所谓的资源诅咒是指在一个国家或地区内丰裕的自然资源会阻碍经济的增长。

力资本拥有量的两个关键因素（Mankiw，Romer and Weil，1992；Barro and Lee，1994）。一般来说，受教育程度越高，身体健康状况越好，人力资本投入也就教高。资源富集地的开发都会影响当地居民的身体健康和预期寿命。健康投资的经验数据可以在一定程度上弥补我们无法得到的私人人力资本投入的信息。因此，本书对人力资本的衡量将包括教育和健康两个方面。

绝大多数研究主要集中在各种生产要素对经济增长影响的领域，暗含的假设是这些生产要素之间相互独立、互不干扰，但现实经济中并非如此，一个典型例子就是当物质资本大规模投入时，实施过程中对劳动力的需求也会大量地上升，所以在 C—D 生产函数模型中的资本 K 与劳动 L 或多或少地存在一定程度的相关性。在目前研究中，仅有少数文献关注这些生产要素之间的关系。戈登和尼里（1982）在理论上论证了资源出口部门在资源价格上升的时候，对制造业部门劳动力产生了转移效应，即挤出效应，最终会导致整个地区的制造业和服务业衰落，阻滞了长期经济增长。邵帅等（2008）使用了线性回归模型分析了能源开发强度与人力资本之间的关系，表明了显著负相关性。但是，实证的两变量模型过于粗略，没有其他的控制变量，并且只是反映人力资本存量的一个方面。并且，此方面的研究多为其他主题的附带说明，并没有被特别关注。本书将对其进行详细分析。文章结构安排如下：一为引言，二为数据说明及初步观察，三为计量分析，四为结论与启示。

二　数据说明及初步统计观察

（一）数据说明

本书选取 1990—2008 年的样本数据，其中，因西藏数据变异性比较大，重庆数据并入四川省，这两个省区被排除在外。数据来源于历年各省区的统计年鉴、《中国工业经济年鉴》、《中国经济普查》、《中国统计年鉴》、《劳动统计年鉴》、第五次人口普查资料和中经网数据库等。下面就本书的主要变量的选取和计算做进一步介绍。

增强型人力资本投资变量考虑了教育投资和健康投资两个方面。教育投资指标使用国家预算内教育经费支出占当年价的 GDP 比重来表示，这里因为私人教育经费支出的数据不可得，所以不加考虑；健康投资指标使用人口死亡率的倒数来表示。然后，我们选择 C—D 生产函数组合教育资本和健康资本，来衡量增强型人力资本（Grossman，1972；Cutler，Richarson，1997；杨建芳、龚六堂，2006；余长林，2006）：

$$H = E^\lambda M^{1-\lambda}$$

式中，H 为增强型人力资本，E 为教育资本，M 为健康资本，λ 为参数，假设教育资本和健康资本在生成人力资本的过程中替代弹性为 1。此处，λ 的值参照杨建芳等（2006）和余长林（2006）的推测值取 0.5。

自然资源开发的变量指标 ns 用能源工业（包括煤炭采选业，石油和天然气开采业，石油加工、炼焦及核燃料加工业，电力和热力生产和供应业，燃气生产和供应业五大能源工业）产值占当年价的国内生产总值（GDP）比重来表示，即能源开发强度（邵帅，2008）。同时，本书考虑影响人力资本投资水平的内部因素和外部因素，选取了两个常用控制变量作为代表，即实际人均 GDP 增长率 g 和城市化水平变量 $urba$。其中，人均实际 GDP 增长率指标采用该省区的实际 GDP 除以年末人口总数，然后通过公式 $g = \ln(gdp_t) - \ln(gdp_{t-1})$，计算得出其增长率；城市化水平指标采用城镇人口占总人口的比重度量，因 2000 年统计口径变化，就辅以非农人口对指标进行少许调整。

本书对资源富集地的选取依据是专业化指数，即区位商，它可以反映产业自身的空间分布特征。这里认为，只要能源工业产值的区位商的值位于国家总体水平前 1/3，那么该地区就为资源富集地；反之，位于总体水平的后 1/3 则为资源贫乏地区，这样可以预测我们考察的对象有十个省区左右，与国家行政划分的东、中、西部无关。令 x_i 表示省区 i 的能源工业产值，X_i 表示省区 i 的工业总产值，y 表示全国能源从业产值，Y 表示全国工业总产值，则省区的能源工业区位商为：

$$SP_i = \frac{(x_i/X)}{(y_i/Y)}$$

为了稳健性，在对资源富集地范围选取时，辅以各省区的能源工业产值占工业总产值比重，然后平均排序，所得结论与区位商方法一致。最终，本书确定该范围包括甘肃、贵州、黑龙江、辽宁、内蒙古、宁夏、青海、山西、陕西和新疆 10 个省区。

（二）初步统计观察

在深入研究该命题之前，有必要利用经验数据观察人力资本与资源开发之间的关系。如图 5－4 所示，增强型人力资本投资与能源开发大致的变化趋势。从总体来看，目前两者所占 GDP 比重是不断上升的。

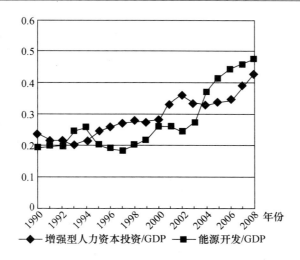

图 5 - 4　人力资本投资与能源开发的变动趋势

三　计量实证与分析

本书依据面板数据的协整理论，从能源开发与人力资本的实际数据出发，应用面板协整关系检验和因果关系检验来观测两者的内在关联。

（一）面板单位根检验

面板数据单位根检验方法大致可以归为两种类型：一类假设面板数据中所有截面有相同的单位根，主要有 LLC 检验（Levin, Lin and Chu, 2002）、Breitung 检验（Breitung, 2000）及 Hadri 检验（Hadri, 1999）；另一类假设面板数据中有不同的单位根，主要有 IPS 检验（Im, Pesaran and Shin, 2003），MW 检验（Maddala and Wu, 1999）。上述检验中，除了 Hadri 检验外，其余检验的原假设都存在单位根。本书为了保证分析结论的稳健性，分别使用 LLC 检验、IPS 检验和 MW 检验这三种最为经常使用的方法。具体检验结果如表 5 - 6 所示。

表 5 - 6　　　　　　　　　　单位根检验结果

截面数：10	时间跨度：19	LLC 值	IPS 值	MW 值	单整阶数
能源开发（ns）	水平检验结果	- 0. 152（0. 838）	- 1. 179（0. 867）	3. 055（1. 000）	I（1）
	一阶差分结果	- 1. 201（0. 000）	- 2. 935（0. 000）	62. 024（0. 000）	
人力资本（H）	水平检验结果	- 0. 059（0. 973）	- 0. 764（0. 994）	3. 442（1. 000）	I（1）
	一阶差分结果	- 1. 424（0. 000）	- 3. 362（0. 000）	81. 202（0. 000）	

续表

截面数：10	时间跨度：19	LLC 值	IPS 值	MW 值	单整阶数
实际人均 GDP（*pgdp*）	水平检验结果	-0.580（0.882）	-1.783（0.189）	13.226（0.8675）	I（1）
	一阶差分结果	-1.737（0.001）	-3.444（0.000）	154.729（0.000）	
城市化水平 （*urba*）	水平检验结果	-0.105（0.284）	-1.045（0.940）	3.747（1.000）	I（1）
	一阶差分结果	-1.314（0.000）	-3.516（0.000）	53.327（0.000）	

注：（1）括号中的数值为对应的 P 值；（2）检验形式只带有截距项，无时间趋势项，但与考虑时间趋势项的结论相一致，滞后阶数均为1。

从表5-6检验结果看，对于各个变量的水平值进行检验时，均不能拒绝"存在单位根"的原假设，即各变量均是非平稳过程。而对各变量的一阶差分值进行检验时，检验结果均在1%显著水平上拒绝了原假设，即各变量的一阶差分时间序列为平稳过程。因此，能源开发 *ns*、人力资本 *H*、人均 GDP 增长率 *g* 和城市化水平 *urba* 的时间序列变量均为一阶单整 I（1）过程。

（二）面板协整检验

在面板数据单位根检验基础上，进一步做协整检验，以确定个变量之间是否存在长期关系。面板数据的协整检验大部分方法基于残差的面板协整检验，使用类似恩格尔和格兰杰（1987）平稳回归得到的残差来构造统计检验，计算其分布。具有代表性的是 Pedroni（1999）、Kao（1999）和 Westerlund（2005）。这种方法隐含了一个重要的假设条件，就是长期误差修正系数与短期动态调整系数相同，即同位素限制（common factor restriction）。Banerjee 等（1998）研究认为，当这一假设不满足时候，以残差为基础的面板数据协整检验统计量的检定力大幅降低。Persyn 和 Westerlund（2008）提出了一个以误差修正模型为基础检验方法可以避免这种限制。我们将采用 Pedroni（1999）、Kao（1999）、Persyn 和 Westerlund（2008）的三种方法对各变量组合进行协整检验，具体结果如表5-7所示。

表5-7　　　　　　　　面板数据协整检验结果

Pedroni（1999）		Kao（1999）	Persyn 和 Westerlund（2008）			
Panel ADF	Group ADF	ADF	Gt	Ga	Pt	Pa
-2.392	-4.467	1.547	-6.941	-0.774	-2.589	-0.897
(0.0025)	(0.0000)	(0.0609)	(0.067)	(0.383)	(0.083)	(0.452)

注：（1）括号中的数值为对应的 P 值。（2）考虑本书数据小样本性质，Pedroni 检验只取小样本性质较好的 Panel ADF 和 Group ADF 统计量；Gt 等四种统计量均考虑了常数项和时间趋势项，指定 Bartlett 核函数的窗口为3，且抽样500次。

从检验结果看，对于以上六组变量协整关系的各种检验，绝大部分在 10% 显著水平上拒绝"不存在协整关系"的原假设，即变量间存在长期联系。但只是证明了这些变量组合之间存在长期的协整关系，具体的面板误差协整系数还需进一步分析。

（三）协整系数估计与因果检验

利用恩格尔和格兰杰（1987）回归方法等可以获得协整系数的估计，但是它们忽略了变量间的短期动态关系，导致严重的有限样本偏差（Harris and Sollis，2003）。沿用 Pesaran、Shin 和 Smith（1997），本书采用 Stata 软件中以 ARDL 法为基础的 xtpmg 命令进行协整系数的估计，变量滞后阶数按照 AIC 和 SIC 标准得到。具体结果如表 5-8 所示。

表 5-8　　　　　　　　　面板误差修正模型协整系数估计结果

被解释变量：增强型人力资本（H）	长期误差项			短期动态项			
解释变量	能源开发（ns）	人均 GDP（pgdp）	城市化水平（urba）	误差修正速度	dns	dpgdp	durba
系数值	0.048 ***（0.009）	0.118 ***（0.000）	0.139 ***（0.000）	-0.320 ***（0.000）	-0.018 **（0.011）	-0.238 ***（0.000）	-0.006（0.944）

注：（1）括号内的数值为相应的 P 值；*、** 和 *** 分别表示在 10%、5% 和 1% 水平上统计显著。（2）短期动态项的变量 dns、dpgdp 和 durba 分别为能源开发、人均 GDP 和城市化水平的一阶差分形式。

据相关资料可知，误差修正速度（ec）为显著性的负值，表明这些变量协整关系存在误差修正机制，即当经济发展过程中，人力资本投资受到暂时冲击产生波动时，对其产生影响的变量在一定程度上将促使人力资本投资趋向稳态状况。在长期关系中，能源开发、人均 GDP 和城市化水平的提高都会推动增强型人力资本的投入比重；短期时期内，能源开发会明显阻碍人力资本的投入。内部因素人均 GDP 的暂时性的增长也不利于人力资本的投入。

下面检验各变量之间的短期因果关系，结果如表 5-9 所示。

表 5 – 9　　　　　　　　　　　格兰杰短期因果关系检验结果

原假设	F 统计量	P 值	结论（5% 显著水平）
ns 不是 H 的格兰杰原因	5.488	0.020	ns 是 H 的格兰杰原因
pgdp 不是 H 的格兰杰原因	3.331	0.048	pgdp 是 H 的格兰杰原因
urba 不是 H 的格兰杰原因	0.026	0.873	urba 不是 H 的格兰杰原因
H 不是 ns 的格兰杰原因	3.132	0.079	H 不是 ns 的格兰杰原因
H 不是 pgdp 的格兰杰原因	0.039	0.847	H 不是 pgdp 的格兰杰原因
H 不是 urba 的格兰杰原因	2.598	0.109	H 不是 urba 的格兰杰原因

根据表 5 – 9，从短期来看，能源开发是增强型人力资本投资的格兰杰原因，而人均 GDP 和城市化水平不是人力资本投资的格兰杰原因，这个结论与误差修正模型得到短期动态项中的协整系数显示的经济含义相一致。从逆向因果关系看，增强型人力资本投资都不是能源开发、人均 GDP 和城市化水平的格兰杰原因。

总之，本节考虑人力资本投资的外部因素和内部因素，验证了资源富集地的能源开发与其人力资本投资之间存在协整关系。短期内，能源开发会明显阻碍人力资本的投入，人均 GDP 的暂时性增长会降低人力资本的投入，城市化水平短期内的变化对人力资本投资没有显著影响；但是，从长远来看，能源开发、人均 GDP 和城市化水平的提高都会推动增强型人力资本的投入比重。资源富集地的能源开发是增强型人力资本投资的格兰杰原因。

第三节　本章小结

本章基于人力资本的异质与增强型人力资本投入两个角度分别考察了我国区域资源诅咒的内生增长解释。利用省际层面的经验数据，以及不同的计量实证方法得到以下结论和启示。

首先，通过分位数回归方法主要实证考察了能源开发、人力资本分布的异质性及与经济增长之间关系，并进一步考察了能源开发对人力资本异质性的影响，发现以下结论并提出政策建议：

（1）实证结果显示，低分位数处的经济增长区域对能源开发有一定程度依赖，该地区的能源开发能促进本地经济发展，对其他地区经济发展的影响没有明确的结论，当然，不会支持一些学者如徐康宁等（2006）所得出的我国整体上存在资源诅咒的现象。主要原因在于所考察的范围有所差异，目前的研究逐渐倾向更加局部性的资源诅咒效应，例如 Gerlagh、E. Papyrakis（2004）和 Cooke 等（2006）学者开始关注美国国内；邵帅（2008）的研究对象集中在我国西部地区。政策层面上要协调好能源开发与经济增长之间的关系，尽量减少对资源产业的依赖，以避免陷入资源优势的陷阱，这就要求地区调整产业结构、产业多样化、引入高科技技术和明晰资源产权等。

（2）分位数回归结果显示，文盲的从业人员比重对地分位点处的经济增长有比较显著推动作用，对较高分位点处则有显著的约束性，受小学教育和高等教育的从业人员比重对低分位点处经济增长的区域有明显负影响，但是高等教育层次的比重按分位点由低到高负影响依次逐渐减弱，说明其对经济的促进作用将会日益明显，只是目前高层次教育的从业人员比重仍然偏低。政府要加强公共教育支出，大力普及和巩固九年义务教育，不断减少初等教育（文盲、小学及初中）从业人员的比重，提高中等教育以上的人口比重，以满足我国产业升级和经济增长方式转变对人力资本的需要。

（3）通过协整检验结论知道，能源开发与较高层次教育（大专及以上）从业人员的比重之间存在更为明显的互动关系。在短时期内，对能源的开发将会较明显地"挤出"较高层次劳动力；长期来看，将会促进人力资本教育层次的提升。为了避免高层次教育的流出，这些区域必须加大教育投入和施行优惠政策，吸引并留住高素质人才，特别是高校毕业生，促进本地区人力资本的积累。

其次，基于实际经验数据的计算和分析，抛开东部、中部、西部，划分的资源富集地区域，定位于山西、陕西、新疆、辽宁、内蒙古、甘肃、贵州、黑龙江、宁夏和青海 10 个省区范围，通过面板协整模型，考虑人力资本投资的外部因素和内部因素，验证了资源富集地的能源开发与其人力资本投资之间存在协整关系。在短时期内，能源开发会明显地阻碍人力资本的投入，人均 GDP 暂时性增长会降低人力资本的投入，城市化水平短期内的变化对人力资本投资没有显著影响；从长远看，能源开发、人均 GDP 和城市化水平的提高都会推动增强型人力资本的投入比重。资源富集地的能源开发是增强型人力资本投资的格兰杰原因。基于以上结论，为了使人力资本对资源富集地起到应有作用，在大力提高人力资本投资的同时，一方面，应当制定法规法律及优惠政策吸引和留住人才；另一方面，应促进整个社会形成科学的人才观。

第六章 中国区域资源诅咒的新经济
地理理论解释

——基于技术创新

以克鲁格曼等（1991）为代表的新经济地理理论（NEG）在规模报酬递增假设的基础上，研究本地市场效应、价格指数效应和市场拥挤效应对产业区位的影响，强调运输成本在地理与市场之间的作用机制，以及此过程中的产业集聚趋势，如今已经成为产业集聚研究的主流经济理论之一。NEG 的来源与模型特点决定了该理论非常适合分析市场改革过程中的要素流动、产业分布变化和产业集聚趋势等。但是，该理论缺乏对技术进步与创新的重视，对解释技术创新在促进产业发展、区域经济增长中的作用存在不足。而技术进步是自然资源的物理与经济双重特性转化的关键因素，自然资源的物质存量是有限的，依靠技术进步作用于经济发展，逐渐地增加其经济存量，促进社会经济向不同的路径发展（Baumol，1986）。同时，技术进步与创新也是工业结构升级与转型的基础力量。比如，资源丰富的美国、澳大利亚、挪威和智利等国通过采掘业的技术进步积累对经济发展产生重要的影响（Wright and Czelusta，2007），成为工业经济发达的国家，而同样资源富裕的中非、塞拉利昂、委内瑞拉等国家的经济与技术至今仍然落后，这说明区域技术创新在经济发展路径中扮演着极其关键的角色。

本章将对我国及中部、东部、西部地区，考察资源产业和技术创新对经济增长的影响，以及资源产业集聚对创新能力之间的作用机制，旨在在目前资源约束日益增大的情况下，为资源相对富集的中西部提供长远的可持续发展的政策建议。

第一节 技术创新相关文献综述

从资源产业、技术进步与创新的相关文献研究看，Wright 和 Czelusta（2007）认为，矿产资源可以通过技术进步与创新对经济发展产生积极影响。技术进步与创新被认为是一国或地区经济增长的持续性核心竞争力。从新古典经济学创始人马歇尔（1920）开始，随后的阿罗（Arrow，1962）、雅各布斯（Jacobs，1969）、罗默（Romer，1986）、Glaeser（1992）、Storper 和 Venables（2004）、Carlino 等（2007）都验证了技术进步、创新和技术溢出促进地区经济增长，对产业内部的发展或其他产业产生正外部性。他们认为，信息的流动对远距离来说更加容易，在特定的地区，产业的地理集中有助于一个产业内部和多个产业之间的知识或技术的溢出，从而促进技术进步与创新，推动经济增长。经济增长的源泉是技术（知识）创新，技术进步是内生决定，要把长期经济增长内生化，就必须跳出资本积累的规模递减陷阱。多数研究表明（Moreno，Kesidou and Romijin，2006；Thompson，2005；钱晓烨、迟巍、黎波等，2010），创新活动具有创新中心的区位锁定作用和知识溢出的局部效应，这导致创新能力在创新中心区与非中心区的不均衡状态，并形成不同地理空间分布上的非对称性。这些文献侧重于考察技术创新活动相关因素对其各种影响，如知识水平、从事技术创新劳动力的受教育层次等，而没有着眼于宏观层面，如其他生产行业对技术创新的影响。因此，本书把资源产业和技术进步与创新同时纳入对区域经济增长影响的同一模型，尝试验证上述结论。这也是目前我国自然资源相对富集地区所要面临的现实问题，对中西部地区，国家早期的资源项目开发的倾斜是否促进当地技术进步或技术创新能力，还是单纯为了提供资源而发展经济？

第二节 初步观察及数据说明

一 初步统计观察

在进行进一步分析之前，有必要利用已得数据初步观察我们关注的问题，以便了解资源产业集聚、技术创新与经济增长之间的基本关系。根据数据实际情况，我们排除西藏地区，将重庆的数据合并到四川，选取全国 29 个省区数据为样本，以 1990—2009 年各省区人均实际 GDP 年增长率为经济增长变量；资源产业包括采掘业（煤炭开采和洗选业、石油和天然气开采业、黑色金属矿采选业和有色金属矿采选业）和原材料工业（黑色金属冶炼及压延加工业、有色金属冶炼及压延加工业和石油加工、炼焦和核燃料加工业），令 x_i 表示省区 i 的资源产业工业产值，X_i 表示省区 i 的工业总产值，y 表示全国能源工业产值，Y 表示全国工业总产值，则省区的资源产业工业区位商由 $SP_i = \dfrac{(x_i/X)}{(y_i/Y)}$ 求得；技术创新能力变量以各省区的三种专利申请受理量占全国国内的比重来衡量。然后，绘制出两两对应的关系（见图 6-1 和图 6-2）。图 6-1 显示，自 20 世纪 90 年代以来，经济增长与技术创新能力之间为正相关；与资源产业集聚负相关，说明存在资源诅咒的可能性。考虑到各省区在地理位置、资源禀赋和经济政策等方面存在较大的差异性，我们也描绘了中东西部地区三变量两两对应的关系，表现各不同。比如在资源富集的西部地区，经济增长与资源产业集聚之间为正相关，表明资源产业的发展是经济增长的重要动力；而资源产业集聚与技术创新能力之间为负相关。由于经济现象的复杂性，还有诸多其他因素，有待于深入分析。图 6-2 显示，就全国范围来看，资源产集聚与技术创新能力关系并不明显，但具体到资源富集地区范围里，两者显示出明显的负相关关系。这些显明的差异不得不引起我们的思考：资源产业集聚和技术创新共同对经济增长产生怎样的影响？资源产业在不同省区的集聚差异是否促进了该区的技术创新能力？

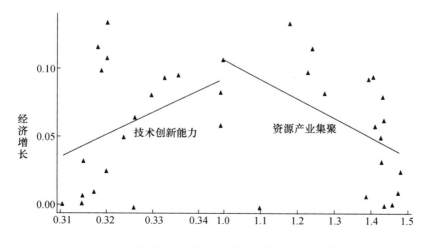

图 6-1　资源产业集聚、技术创新能力与经济增长

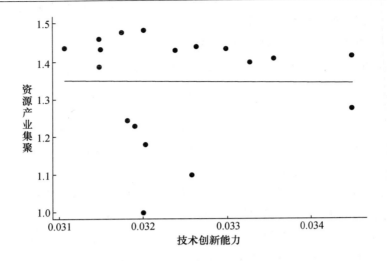

图 6 - 2 资源产业集聚与技术创新能力

二 数据说明

由于省区的人均实际 GDP 年增长率的调整过程较为缓慢，而且当前的增长率可能会依赖其过去水平，所以，为了防止基本计量模式的设定偏误，通过引入被解释变量的滞后项而将其扩展为一个动态模型。同时，还在动态模型加入资源产业集聚与技术创新的交叉相来考察两者相互作用对经济增长的影响情况，模型如下：

$$y_{i,t} = \beta_0 y_{i,t-1} + \beta_1 ns_{i,t} + \beta_2 rd_{i,t} + \beta_3 \left(ns_{i,t} \times rd_{i,t} \right) + \beta_i Z_{i,t} + \lambda_i + \varepsilon_{i,t}$$

式中，y 表示人均实际 GDP 年增长率；ns 表示资源产业集聚；rd 表示技术创新能力；Z 表示将要加入的其他多个控制变量；i 和 t 分别表示各个省区的截面单位和年份；β 表示对应变量的系数；λ 和 ε 分别表示个体效应和随机干扰项。

由于各省区经济发展水平、人口规模、开放度等在总体上存在差异，绝对指标并不适合，因此选择了相对指标来对各个经济变量进行衡量。1990—2009 年各省的人均实际 GDP 年增长率 y，使用（$1/t$）ln（$PGDP_{it}/PGDP_{i0}$）指标来衡量经济发展水平（Papyrakis，2004；邵帅，2008；周业安，2008）；资源产业集聚 ns 和技术创新能力 rd 采用如前文给出的指标来衡量；控制变量 Z 根据相关经济理论，应包括物质资本、人力资本、对外开放程度、国有工业经济发展水平和金融深化。其中，物质资本存量的变量指标用各省每年固定资产投资总额与该地区当年 GDP 比重度量；

人力资本指标用各省受教育年限来衡量,对从业人员中各层次教育程度权重分别取文盲为0,小学为6,初中为9,高中为12,大专及以上为16;国有工业经济发展水平指标一般采用国有及国有控股企业工业总产值占当年工业总产值的比例度量;对外开放程度指标使用各省区净出口总额(通过当年平均汇率换算)占当年GDP比重度量;金融深化指标采用金融机构存贷款占GDP比重来度量(周立,2002)。本章所用的样本包括1990—2009年我国29个省市区的数据,主要源于历年各省区的统计年鉴、《中国工业经济年鉴》、《中国经济普查》、《中国统计年鉴》、《劳动统计年鉴》、第五次人口普查资料和中经网数据库等。表6-1列出了主要变量的描述性统计。

表6-1 主要变量的描述性统计

变量	观测值	单位	均值	标准差	最小值	最大值
人均 GDP 年均增长率(y)	551	%	0.094	0.031	-0.243	0.217
初始人均 gdp	580	元	1881.517	1111.319	795.996	6092.439
资源产业集聚(ns)	580	1.00	1.308	0.781	0.204	3.685
技术创新(rd)	580	%	0.033	0.035	0.001	0.199
物质资本($inve$)	580	%	0.403	0.137	0.153	0.894
受教育年限(h)	580	年	8.081	1.192	5.450	11.927
开放度(ope)	580	%	1.492	3.047	0.010	19.294
金融深化(fin)	580	%	7.243	6.106	0.558	33.558
国有工业经济(sta)	580	%	1.546	1.115	0.048	5.963

资料来源:历年《中国统计年鉴》。

第三节 计量分析

一 资源产业集聚与技术创新对经济增长的动态模型检验

由于宏观经济政策大多具有效力时间滞后性,滞后自变量(解释变量)需要被引入计量模型之中才能够更好地检验资源产业集聚与技术创新对经济增长的影响。本节首先简要介绍面板动态模型的基本原理;然后，进行经验数据分析。

（一）面板动态模型基本原理（Arellano and Bond，1995；Blundell and Bond，1998）

对于如下模型：

$$y_{it} = \alpha y_{i,t-1} + \beta X + \eta_i + v_{it}$$

式中，y 表示因变量的向量；X 表示自变量的向量，包括严格的外生变量和先决变量；$i=1,2,\cdots,n$ 和 $t=1,2,\cdots,T$ 分别表示区域和年份；α 表示滞后因变量的系数；β 表示自变量的系数向量；η 表示区域个体固定效应；v 表示随机误差项。

首先，确定动态模型的因变量最优滞后期数。滞后期数的选择方法通常是检验随机误差项是否存在显著的二阶序列相关（Arellano and Bond，1991）；其次，由于滞后因变量 $y_{i,t-1}$ 与 η_i 之间，以及（$y_{i,t-1} - \bar{y}_{i,t-1}$）项与（$v_{it} - \bar{v}_i$）项之间的多重共线性，使得直接采用 OLS 方法对以上模型进行估计会产生有偏的结果。为了矫正这些偏误，Baltagi（2005）建议，采用 Arellano 和 Bond（1991）所建议的差分方程来消除上述模型中的个体固定效应项 η，然后，采用广义距估计（GMM）进行回归。则模型变为：

$$\Delta y_{it} = \alpha \Delta y_{i,t-1} + \beta \Delta X + \Delta v_{it} \tag{6.1}$$

由于前期的因变量 y_{it} 与 $y_{i,t+1} - y_{it}$ 高度相关，而 v_{it} 要么序列相关，要么与 $v_{i,t+2} - v_{i,t+1}$ 不相关，所以，$y_{i1}, y_{i2}, \cdots, y_{i,t-2}$ 可以作为 GMM 中的工具变量以解决 $E(\Delta y_{i,t-1} \Delta v_{it}) \neq 0$ 的问题。因此，T 时期相应的工具变量矩阵如下所示：

$$z = \begin{bmatrix} y_{i1} & x_{i1} & x_{i2} & x_{i3} & 0 & 0 & 0 & 0 & 0 & 0 & \cdots & 0 & \cdots & 0 & 0 & \cdots & 0 \\ 0 & 0 & 0 & 0 & y_{i1} & y_{i2} & x_{i1} & x_{i2} & x_{i3} & x_{i4} & \cdots & 0 & \cdots & 0 & 0 & \cdots & 0 \\ \vdots & \vdots & \vdots & \vdots & \vdots & \vdots & \vdots & \vdots & \vdots & \vdots & & \vdots & & \vdots & \vdots & & \vdots \\ 0 & 0 & 0 & 0 & 0 & 0 & 0 & 0 & 0 & 0 & \cdots & y_{i1} & \cdots & y_{i,T-2} & x_{i1} & \cdots & x_{iT} \end{bmatrix}$$

其中，每一排对应于 $t=3,4,\cdots,T$，样本 i 的方程（6.1）。由此，为估计方程（6.1），工具变量矩阵为：

$$Z = [Z'_1, \cdots, Z'_n]'$$

同时，由于 $v_{it} \sim i.i.d(0, \delta^2)$，且 $\Delta v_{it} = v_{it} - v_{i,t-1}$ 是有单位根 MA（1）过程，有：

$$E(\Delta v_i \Delta v'_i) = \delta_v^2 (I_n \otimes C)$$

其 中，$\Delta\nu'_i = (\nu_{i3} - \nu_{i2}, \cdots, \nu_{iT} - \nu_{i,T-1})$，$C =$

$$
\begin{bmatrix}
2 & -1 & 0 & \cdots & 0 & 0 \\
-1 & 2 & -1 & \cdots & 0 & 0 \\
\vdots & \vdots & \vdots & \ddots & \vdots & \vdots \\
0 & 0 & 0 & \cdots & 2 & -1 \\
0 & 0 & 0 & \cdots & -1 & 2
\end{bmatrix}
$$
是一个 $(T-2) \times (T-2)$ 常数方阵。

方程（6.1）两边同时乘以工具变量矩阵可得：

$$Z'\Delta y = Z^i \Delta y_{-1}\alpha + Z'\Delta X\beta + Z'\Delta\nu$$

然后，采用差分 GMM 或者系统 GMM 对方程中的自变量系数进行回归估计。根据 Blundell 和 Bond（1998）的 Monte Carlo 模拟结果，当滞后因变量系数接近于 1 时，采用系统 GMM 方法会显著提高估计系数的有效性。所以，本章在实证检验中同样也采用了系统 GMM 方法。系统 GMM 方法要求在估计模型中引入滞后差分项，为了扩展工具变量矩阵以解决差分 GMM 存在的问题。在估计中还需要选择一步估计方法或者两步估计方法，根据邦德（Bond，2002）的研究，两步估计方法有其局限性，而且对于大量应用研究而言，尤其是与经济增长相关的领域，一步估计方法已能足够地说明。Weidmeijer（2005）也认为，在有限样本条件下采用两步估计方法 GMM 估计会使得估计参数的标准误差严重偏低。所以本章在实证研究中采用了一步系统广义矩估计方法。由此，方程的系数估计值为：

$$
\begin{pmatrix} \overline{\alpha} \\ \overline{\beta} \end{pmatrix} = \left([\Delta y_{-1}, \Delta X]'Z^+ \left(\sum_i^n Z_i^{+'}CZ_I^+ \right)^{-1} Z^{+'}[\Delta y_{-1}, \Delta X] \right)^{-1} \left([\Delta y_{-1}, \right.
$$

$$
\left. \Delta X]'Z^+ \left(\sum_i^n Z_i^{+'}CZ_I^+ \right)^{-1} Z^{+'}\Delta y \right)
$$

其中，Δy 是有 $(T-2)$ 个元素的向量 $(\Delta y_{i3}, \Delta y_{i4}, \cdots, \Delta y_{iT})$；而 Δy_{-1} 是有 $(T-2)$ 个元素的向量 $(\Delta y_{i2}, \Delta y_{i3}, \cdots, \Delta y_{i,T-1})$。

（二）实证结果

广义矩估计（GMM）的方法，其优点还可以减弱模型的内生性偏误，从而获得变量系数一致性。广义系统矩估计（GMM）的估计量一致性是基于大样本性质，较小样本容量或工具变量较弱时，容易产生很大的偏倚。Bond（2002）指出一个简单并被学界广泛使用的检验方法，即将系统 GMM 估计值分别与固定效应估计值及混合最小二乘法（OLS）估计值比较，由于混合最小二乘法估计通常高估滞后项的系数，固定效应一般会低估滞后项的系数，因此，如果系统 GMM 估计值介于二者之间，则系统 GMM 估计可靠有效。对动态面板模型进行混合 OLS 和固定效应模型估计，分别得到被解释变量滞后一期项的系数估计值为 0.685 和 0.515，而系统 GMM 估计值为 0.607，它确实处于其他两个估计值之间，说明系统 GMM 估计结果并没有因为样本量和工具的选择而产生大的偏倚。同时，我们对东部、中部和西部地区分别进行回归。具体结果见表 6 - 2。

表 6 - 2　省际动态面板回归结果（被解释变量：人均 GDP 增长率）

	全国	东部地区	中部地区	西部地区
被解释变量的滞后项（L. y）	0.607 *** (25.31)	0.557 *** (12.22)	0.492 *** (14.20)	0.574 *** (14.52)
资源产业集聚（ns）	-0.005 *** (-8.24)	-0.002 (-0.29)	-0.004 ** (-2.01)	-0.001 ** (-1.92)
技术创新（rd）	-0.085 (0.29)	0.166 (-0.12)	0.105 (0.81)	-0.148 * (-1.80)
交叉项（ns×rd）	-0.086 *** (-3.83)	0.140 (1.32)	-0.104 (-1.24)	-0.154 *** (-3.11)
物质资本（inve）	0.012 *** (7.00)	0.006 (0.65)	0.006 * (1.74)	0.018 *** (7.31)
受教育年限（h）	0.001 (-1.19)	0.009 *** (-7.68)	0.001 (1.52)	0.002 *** (-3.31)
金融深化（fin）	-0.001 *** (-4.28)	0.001 * (1.70)	-0.001 ** (-2.08)	0.002 *** (6.41)
国有工业经济（sta）	0.440 *** (13.07)	0.204 *** (2.92)	0.332 * (1.68)	0.450 ** (2.52)
开放程度（ope）	0.001 *** (4.89)	0.001 (1.49)	0.003 *** (3.11)	0.004 (1.38)
常数项	0.041 *** (8.28)	0.127 *** (9.81)	0.035 *** (2.96)	0.037 *** (8.46)
观测值	522	198	144	180
Wald 卡方值	677.42	1766.1	978.0	1390.8

续表

	全国	东部地区	中部地区	西部地区
Hansen 检验 P 值	0.105	1.00	0.895	1.00
AR1 检验	0.238	0.124	0.291	0.072
AR2 检验	0.288	0.201	0.187	0.364

注：（1）括号内的数值为标准差；（2）*、**、*** 分别表示在10%、5%和0.1%水平上统计显著；（3）Hansen 检验的零假设为工具变量的识别约束是有效的；AR1 和 AR2 检验的零假设为残差项不存在一阶和二阶序列相关〔如果残差项不存在二阶序列相关，系统 GMM 依然是有效的，详见 Roodman（2006）〕。

从表6-2回归结果可知，就全国范围而言，由采掘业和原料工业衡量的资源产业集聚与经济增长呈现相关关系，说明我国国家层面上存在资源诅咒现象，具体而言，我国中西部地区确实存在资源诅咒效应。技术创新对全国总体的经济增长并不具有促进作用，在西部地区则对经济增长存在显著抑制作用。原因可能在于西部地区资源产业集聚较为明显，西部地区经济增长对资源的依赖，以及对资源产业较高的投入一定程度会限制人力资本和技术创新的投入，实际上，技术创新能力的提高会阻碍该地区的经济增长；中部和东部地区的技术创新对经济增长没有明显的作用，可能是由于创新行为有较强的外溢作用和空间交互的特征，并不适合孤立性考察。另外一个值得关注的是，资源产业集聚与技术创新的交互项变量，其估计系数都为负值，因为资源产业的特点是对受教育年限和技术水平要求相对较低，该地区经济的增长依赖资源，而非人力资本和技术创新，尤其是在资源相对富集地区的西部，交互项变量的系数显著为负，存在资源产业集聚对技术创新"挤出"的可能性。有待于下文进一步探讨。

关于控制变量的估计结果，也都具有显著的预期符号。物质资本投入越大，对经济增长越明显，尤其是在资源相对富集地区，物质资本的增加为资源产业发展提供有力的支持；受教育年限变量的估计系数不显著，是因为模型中考虑了资源产业的特征，还有可能在于其本身就是资源诅咒的一个重要的传导途径（胡援成，2007），或者其测量误差本来就是一个非常棘手的难点（Krueger and Lindahl，2001）；金融深化的系数在全国范围为负，是由于我国金融市场还不完善，其对经济增长的效率低于股票市场，呈现出负面影响（Boyreau - Debray，2003），但是在资源富集地区，因对资源产业项目的倾斜政策和较高的资源租金吸引了大量资金，对地区的经济有明显的提高；国有工业经济发展变量对经济增长的正显著，证明了国有及国有控股企业工业仍是我国经济的支柱；经济开放程度越大，贸易往来越活跃，越利于经济的增长。

二 资源产业对技术创新影响的空间面板模型检验

从前面的分析来看，当把资源产业与技术创新纳入经济增长的模型时，技术创新变量及其与资源产业集聚的交互项与经济增长的关系均出现了较为明显的变化，原因关键是创新行为具有较强内部系统性和外部空间性。就本章而言，创新行为的系统性指资源地域范围内，创新活动如何贯穿于整个经济活动，如何形成；创新行为的外部性指创新行为存在空间外溢作用，相邻的区域通常比相隔遥远的地区有更多的共性，相对而言，GDP、固定资本投资、劳动力空间相关性要弱一些。因此，本章将通过空间计量的估计方法来反映资源产业集聚与技术创新之间的内在联系。下面首先简介空间计量模型的基本原理，然后进行经验数据的实证分析。

（一）空间计量模型

空间计量模型主要是解决回归模型中空间相互作用和空间依赖性结构问题。空间计量经济学理论（Anselin，1988，2009）认为，一个区域空间单元上的某种经济地理现象或某属性值与邻近区域的相关，各区域之间的数据存在与时间序列、相对应的空间相关。根据空间统计和空间计量经济学原理，本节进行空间统计分析的基本思路是：首先采用空间统计分析莫兰（Moran）指数法检验因变量（被解释变量）是否存在空间自相关性，如果存在，则需要在空间计量经济学理论方法支持下，建立空间计量经济模型进行计量估计和检验。这里将使用分块对角矩阵 $C = I_t \otimes W_N$ 代替莫兰指数等统计量计算公式中的空间权重矩阵（何江，2006；王锐淇，2010），就可以方便地把截面检验扩展到面板数据分析。

首先，空间自相关检验方法。检验研究对象的空间相关性存在与否，在实际的空间相关分析应用研究中，空间统计学较常使用空间自相关指数莫兰指数，其定义如下：

$$莫兰指数 = \frac{\sum\limits_{i=1}^{n} \sum\limits_{j=1}^{n} W_{ij}(Y_i - \bar{Y})(Y_j - \bar{Y})}{S^2 \sum\limits_{j=1}^{n} \sum\limits_{j=1}^{n} W_{ij}}$$

其中，$S^2 = \dfrac{1}{n} \sum\limits_{i=1}^{n} (Y_i - \bar{Y})$ ；$\bar{Y} = \dfrac{1}{n} \sum\limits_{i=1}^{n} Y_i$ ，Y_i 表示 i 地区的空间观测

值；n 为地区总数；空间权值矩阵（W_{ij}）选用二进制地理空间权重矩阵，表示其中的任一元素，采用邻接标准或距离标准，其目的是定义空间对象的相互邻接关系，一般邻接标准的 W_{ij} 为：

$$W_{ij} = \begin{cases} 1 & \text{当区域 } i \text{ 与区域 } j \text{ 相邻} \\ 0 & \text{当区域 } i \text{ 与区域 } j \text{ 不相邻} \end{cases}$$

莫兰指数可看作各地区观测值的乘积和，其取值范围为在 -1— $+1$。之间若各地区经济行为为空间正相关，其数值应当较大，负相关则较小。具体到区域创新行为的空间依赖性问题上，当目标区域数据在空间区位上相似的同时也有相似的属性值时，空间模式整体上就显示出正的空间自相关性；而当在空间上邻接的目标区域数据不同寻常地具有不相似的属性值时，就呈现为负的空间自相关性；零空间自相关性出现在当属性值的分布与区位数据的分布相互独立。然后，还可以通过绘制空间相关系数的莫兰指数、散点图来对研究对象大致归类。

其次，空间计量的常用模型类型。空间计量模型适用于空间常系数回归，常见的包括空间滞后模型（SLM）和空间误差模型（SEM）。

（1）空间滞后模型（SLM）。该模型主要考察一个地区被解释变量滞后项的随机冲击对相邻区的作用机制，探讨被解释变量在子区域的空间相关性，是否具有溢出效应（或扩散现象），可以设定如下模型：

$$Y = \rho(W^* Y) + \beta X + \varepsilon$$

其中，W 为空间权值 0—1 矩阵；$W^* Y$ 为空间滞后被解释变量；ρ 为空间待回归系数，衡量相邻区域的观测值 $W^* Y$ 对本地观测值 Y 的影响程度；X 为控制变量的向量；β 为相对应的控制变量系数；ε 为随机误差项。

（2）空间误差模型（SEM）。该模型主要考察一个地区被解释变量误差项的随机冲击对相邻地区作用机制，探讨存在于误差扰动项中的空间依赖作用，也就是邻近地区对变量的误差的影响在多大程度上影响了本地区的观测值。设定模型如下：

$$Y = \beta X + \varepsilon$$

$$\varepsilon = \lambda(W^* \varepsilon) + \upsilon$$

其中，ε 为随机误差项；λ 为被解释变量向量的空间误差系数，衡量相邻地区观察值 Y 的误差冲击对本地 Y 的影响程度；υ 为正态分布的随机误差项。

最后，模型的选取。依照 Anselin 等（2004）空间计量经济学理论，选择模型是通过拉格朗日乘数（Lagrange Multiplier）的显著性选取 SLM 和 SEM 哪个更恰当，乘数具体形式包括 LMERR、LMLAG 和 Robust – LMERR、Robust – LMLAG 等来实现。Anselin 和 Rey 利用 Monte – Carlo 模拟方法证明了如果 LMERR 比 LMLAG 统计量更显著，且 Robust – LMERR 统计量显著而 Robust – LMLAG 统计量不显著，那么使用空间误差（SEM）模型更加有效；反之，使用空间滞后模型（SLM）。除了拟合优度 R^2 以外，常用的检验准则还有：自然对数似然函数值（logLikelihood）、似然比率（Likehood Ratio）、池赤信息准则（Akaike Information Criterion）、施瓦茨准则（Schwartz Criterion），对数似然值越大，AIC 和 SC 值越小，模型拟合效果越好。这几个指标也用来比较 OLS 估计的经典线性回归模型和 SLM、SEM，似然值的自然对数最大的模型最好。关于面板数据模型的固定效应（Fixed Effect）还是随机效应（Random Effect）模型，我们通过 Hausman 检验进行选取。本章通过 Matlab 软件包①进行了 LMERR、LM-LAG、Robust – LMERR、Robust – LMLAG 统计量检验、自然对数似然函数值（logLikelihood，logL）比较和似然比率（Likelihood Ratio，LR）检验，选取了空间误差（SEM）模型或空间误差（SEM）模型。

（二）实证结果

根据空间面板计量经济学原理，本章的分析思路如下：首先采用 Moran 指数法检验被解释变量（区域创新）是否存在空间自相关性；如果存在，通过空间相关性检验选择空间滞后模型（SLM）或空间误差模型（SEM）作为主要的考察方式；最后，建立适当的模型进行空间计量估计和检验。

首先，进行莫兰指数检验，具体结果见表 6 – 3。

表 6 – 3　　　　　　　我国 29 个省区技术创新莫兰指数

年份	莫兰指数	期望值	标准差	Z 统计量	P 值
全国	0.250	– 0.036	0.096	2.982	0.001
东部	0.460	– 0.100	0.202	2.769	0.003
中部	0.109	– 0.143	0.190	2.242	0.012
西部	0.122	– 0.111	0.092	2.549	0.005

---

① 使用 Matlab 7.1 软件进行模型估计，Matlab 中的空间计量经济学程序可以从 econometrics 下载，主要由 LeSage 和 Elhorst 等编写，该工具箱可以从 www.spatial – econometrics.com 下载。

　　由表 6 - 3 可知，莫兰指数的正态统计量 Z 值均大于正态分布行数在 0.05 显著性水平下的临界值，这表明技术创新活动在省区之间存在空间相关性；通过对东部、中部和西部地区数据莫兰指数的计算，也显示各个技术创新活动存在空间相关性。因此，空间关系应当被纳入回归模型中。

　　就本章而言，空间面板模型估计方法在一定程度缓解了样本信息不足的劣势，尤其是对东部、中部和西部地区所形成的局部样本，该方法显得更加适当。因事先无法根据先验经验推断在两种模型中是否存在空间依赖性，我们通过 Matlab 软件包进行了 LMERR、LMLAG、Robust - LMERR、Robust - LMLAG 统计量检验、自然对数似然函数值（logLikelihood，logL）比较和似然比率（Likelihood Ratio，LR）检验，选取了空间误差（SEM）模型或空间滞后（SLM）模型；Hausman 检验显示固定效应模型更加适合待估计方程。为了稳健性，我们也同时报告了传统的固定效应（FE）面板模型估计结果，具体见表 6 - 4。

表 6 - 4　面板 OLS 模型和空间面板模型估计结果（被解释变量：技术创新）

	全国		东部		中部		西部	
	FE	SEM	FE	SEM	FE	SEM	FE	SEM
λ/ρ	—	0.234 *** (4.02)	—	0.233 *** (2.93)	—	- 0.236 * (- 1.77)	—	- 0.003 (- 0.21)
ns	0.001 (0.78)	0.001 (0.40)	0.012 * (1.81)	0.048 * (1.76)	- 0.004 ** (- 2.59)	- 0.004 *** (- 2.67)	- 0.001 * (- 1.65)	- 0.003 * (- 1.69)
inve	- 0.008 (- 1.61)	- 0.002 (- 0.78)	- 0.027 ** (- 2.04)	- 0.018 (- 1.42)	- 0.006 (- 1.47)	- 0.007 * (- 1.83)	- 0.003 (- 0.96)	- 0.003 (- 1.02)
h	- 0.005 *** (- 4.03)	- 0.004 ** (- 2.38)	- 0.008 *** (- 3.20)	- 0.007 *** (- 2.97)	- 0.003 ** (- 2.09)	- 0.002 ** (- 2.26)	- 0.002 *** (- 2.97)	- 0.001 *** (- 3.15)
fin	0.002 *** (8.59)	0.002 *** (9.91)	0.003 *** (5.87)	0.002 *** (6.01)	0.002 ** (2.40)	0.002 ** (2.51)	- 0.001 (- 0.88)	- 0.001 (- 0.89)
sta	0.561 *** (4.22)	0.63 *** (4.64)	0.298 (1.05)	0.41 (1.49)	0.633 *** (4.51)	0.75 *** (4.79)	0.40 *** (4.32)	0.41 *** (4.49)
ope	0.009 *** (13.74)	0.01 *** (0.00)	0.09 *** (7.98)	0.01 *** (8.59)	0.02 *** (2.88)	0.017 *** (3.21)	0.01 *** (3.59)	0.012 *** (3.73)
常数项	0.0337 *** (3.70)	—	0.0630 ** (2.53)	—	0.0294 *** (2.68)	—	0.0228 *** (5.64)	—

续表

	全国		东部		中部		西部	
	FE	SEM	FE	SEM	FE	SEM	FE	SEM
观测值	580	580	220	220	160	160	200	200
logL	1691.11	1851.81	559.92	609.56	567.11	640.53	818.81	912.17
R^2	0.50	0.92	0.52	0.87	0.58	0.83	0.52	0.96

注：（1）括号内的数值为标准差；（2）＊、＊＊、＊＊＊分别表示在10%、5%和0.1%水平上统计显著；（3）拟合度 R^2 在 FE 模型中为组内拟合值。

从计量方法看，表6-4比较了面板 OLS 估计值与 SEM 或 SLM 的估计值，估计的结果相对稳健，方法的不同并没有带来估计结果的显著差异。对比对数似然值和有效的拟合度可以发现，空间面板回归模型的数值均大于经典面板回归模型估计的数值，这说明前者比后者更优。从回归结果看，就全国而言，空间误差面板模型的参数 λ 通过了1%的显著性检验，这说明随着经济的市场化和信息化的不断发展，我国区域技术创新的空间依赖性和空间溢出效应显著，但是具体到中部、东部和西部地区技术创新的空间效应表现有所差异，依次表现为逐渐减弱，可能与地理位置、信息基础设施、相关政策和经济活跃程度等有关。

从表6-4结果知道，从全国范围来看，资源产业集聚与技术创新之间并没有明确的关系，可能是由于在东部、中部、西部地区两者的关系差异较大造成的。东部地区技术创新能力与资源产业集聚呈10%置信水平上的正显著，相对没有考虑到空间效应时，资源产业集聚变量的估计系数增大，说明东部资源产业的集聚有利于提高技术创新能力，可能是因为东部资源型产业的转型与升级已经得到较好的成效，能为经济增长提供可持续的工业基础，这也解释了在前文中我们无法得出东部地区也存在资源诅咒现象的原因。中部、西部地区的资源产业集聚与技术创新呈现负相关关系，存在一定的"挤出"效应，也就是说，资源对人力资本和技术创新的投入产生了"挤出"效应，这种效应抑制了技术创新能力的提升。

关于控制变量，对外开放对任何省区的创新能力都有利，说明开放程度越大，技术创新提升的越多。金融深化对技术创新的提升在中部、东部和西部作用有异，依次显著性由强变弱，即在中部和东部地区明显，而在西部作用不大；但是国有工业经济变量对技术创新的提升却相反，在中西部作用较为明显，而在东部地区却不明确，可能是与社会主义市场经济完善程度有关。由受教育年限所衡量的人力资本积累与技术创新之间表现出明显的负相关，可能是因为技术创新变迁与人力资本积累之间的"侵蚀效应"（Galor and Moav，2002；Reis and Sequeira，2007；李尚骜，2011），即学习新技术所需的时间会随着教育水平的提高而递减，并且它也会随着技术进步与创新的提高而递增，因此，从业人员的干中学过程使得人力资本积累与技术创新之间产生了冲突。物质资本投入没有起到对技术创新能力提高的作用，可能是由于绝大部分资源用于资源产业的投资和生产再扩大化上面。

第四节　本章小结

本章基于1990—2009年我国省际面板数据，运用两种计量分析模型。

首先，由于经济增长的变量连续性，应用了动态面板模型考察资源产业集聚和技术创新能力对经济增长的影响，通过初步统计观察和较为详细实证，结果显示，由采掘业和原料工业衡量的资源产业集聚与经济增长呈现出负相关关系，说明我国存在资源诅咒的现象，但是仍然无法明确得出东部地区也存在资源诅咒的现象。技术创新能力对全国总体经济增长并不具有促进作用，但是，在西部，技术创新能力不利于该地区的经济增长，原因在于西部地区经济增长在一定程度上依赖资源和对资源的投入限制了技术创新能力的投入。如此下去，将会有损于地区经济的长期发展，因此，政府应增大对人力资本和技术创新的投入，适当减少对资源产业项目的投资和生产再扩大化，这样短期可能会影响经济增长的速度，但从长期来看，有利于资源产业的转型和升级，提高技术创新能力，夯实经济发展基础。

其次，本章进一步应用空间面板模型考察资源产业集聚等变量对技术创新能力的作用机制。结果显示，技术创新能力在全国范围内具有较强的空间溢出和空间依赖性，在东部、中部和西部表现为依次减弱。中西部地区的资源产业集聚"挤出"技术创新，这意味着中西部地区资源产业的可持续发展面临困难，其生产方式集约化的转变仍然举步维艰。这就需要地方政府转变思路，以科学发展观来引导与协调，借鉴东部地区发展经验，处理好增长与转型、短期与长期之间矛盾。在中西部地区，可以通过国有工业经济的活动提升技术创新能力；而在东部地区，加强金融深化对提升技术创新能力更为有效。

第七章　中国区域资源诅咒的产业经济学理论解释

——基于西部旅游产业的发展

一般认为，旅游资源是经济增长的重要源泉之一。很多地方政府进行大量投入，就是为了推动和发展旅游业，旅游业的外汇收入是对外贸易的有益补充，甚至有时能为制造业筹措到必要的资金，同时还可以改善本地居民收入和就业状况。另外，旅游业的开发和发展也会增加旅游地的负担，比如物价通胀、污染、生态失衡、行业间收入的不平等加剧，甚至影响当地的民俗文化传统，以致最终消失（Eber，1992；Cater and Goodall，1992）。对旅游业的研究已经引起国内外学者密切关注，旅游业的发展会不会阻碍其他部门的发展？是不是始终有利于经济增长？尤其是发展中国家或地区的工业部门（尤其制造业部门）仍然是推动经济发展的主要部门，它承担着技术创新和组织变革，甚至承担培养企业家的使命，产业集聚或集群的形成将会扩大规模、专业化分工和降低成本等，为经济增长提供强有力且可持续的发展动力，一旦被其他部门扩张所排斥，经济必然陷入增长乏力的困境。一些旅游资源丰富的地区如云南的事实证明，通过发展旅游等第三产业绕过工业化来发展经济的道路行不通，因为工业或者相关产业发展不到位，第三产业就没有服务对象，不仅经济社会发展受到制约，生态环境和民族文化往往也因缺乏社会经济资源而难以得到持久保护①。所以，我们不得不正视旅游业的迅速增长是否对制造业的集聚产生了影响。而本章试图揭示西部制造业集聚、旅游业发展与区域经济增长的内在联系，以期政府对此重要的部门制定合理的布局和发展政策提供科学的参考依据。

---

① 详见人民网，http://opinion.people.com.cn/GB/8213/233077/，"基层治理案例"栏目。

第一节 西部旅游产业相关文献综述

从文献研究上看，绝大多数集中在旅游业发展对经济增长的直接影响，只有少数学者关注旅游业在经济发展过程中对其他重要经济部门的影响。科普兰（Copeland，1991）、Nowak 和 Sahli 等（2004，2007）基于旅游资源非贸易模型，证明了在小国开放经济框架内，旅游业的扩张可能使得其他不可贸易的生产要素如土地等的收益下降，与农业、制造业形成对资源竞争的局面，最终对经济长期增长不利；Chao 等（2006）建立动态模型，模拟论证了旅游服务业的扩张导致工业部门的生产要素资源向非贸易部门分散，产生了"去工业化"效应。Capó 等（2007）对以旅游业为主的巴利阿里群岛和加那利群岛进行详细研究发现，已经存在旅游部门扩张而制造业部门收缩的现象，类似于"荷兰病"的征兆，经济存在衰退的可能；朱希伟等（2009）建立大国开放经济的一般均衡模型，认为旅游服务业的收入效应对工业发展具有正向促进作用，而资源转移效应对工业发展具有负向挤出效应。当收入效应超过资源转移效应时，社会福利会提高；反之，会下降。上述这些文献是通过理论模型推导方式来论证的，前提条件的假设较为严格，绝大多数研究发达国家或市场化程度较高的地区。很明显，没考虑到发展中国家或地区的实际情况，譬如，在经济发展初期，旅游服务业的外汇收入为工业的发展提供了一定程度上的资金支持和工业品消费市场等。就实证研究而言，Balaguer 和 Cantavella（2002）、Dritsakis（2004）、Kim 等（2006）的研究发现，旅游业在西班牙、希腊和中国台湾等地经济增长中起到很大的促进作用，没有发现对其他经济部门产生排斥。而 Oh（2005）发现，旅游业并没有为韩国带来明显经济增长。Holzner（2011）基于 134 个国家 38 年的经验数据进行了实证分析，结果表明，依赖旅游业的国家从长期来看不存在"荷兰病"风险，也不会出现真实汇率扭曲和"去工业化"的现象；相反，会有更高的经济增长。实证研究的结论不一致，很可能是由于实证数据样本选择差异。国内学者李江帆（2001）、宋增文（2007）、王丽（2007）、崔峰（2010）等都运用了投入产出模型对某一年某一省区的旅游业关联及产业波及效应进行了研究。他们的研究仅考虑了个体特性，缺少宏观性的视角。

鉴于此，我们选取了我国西部地区作为研究对象，该地区占中国国土面积的 2/3，旅游资源总量约占全国总量的 40%，是中国旅游资源最为富集的地区。据统计，2002—2008 年，西部地区旅游总收入增长了 2.19 倍，达 5279 亿元，年均增长 24.5%，高于同期 12 省区市的 GDP 增长率，其中部分省区市的旅游总收入相当于 GDP 的比重超过或接近 10%，旅游业已成为西部各省区市的支柱产业或先导产业[①]，制造业工业总产值占全国的比重却一直维持在 11% 左右，发展较缓慢。难道这种经济现象的背后也存在旅游业的繁荣对制造业的"去工业化"问题？旅游业和制造业集聚在西部经济快速增长的过程担当什么角色？明晰这两个重要经济部门对国民经济的影响，以及两部门之间的内在联系，将能为"十二五"期间西部大开发、西部制造业现代化和产业升级提供有益的参考。本书将运用西部省区面板数据计量模型，把旅游业、制造业集聚和区域经济增长纳入同一模型里，考察旅游业的发展和制造业的集聚对区域经济增长的影响，以及西部地区旅游业的迅速增长对总体制造业集聚和不同技术含量类型分类下的制造业产业的波及效应。

第二节　初步统计观察

在进一步研究之前，有必要利用经验数据对西部旅游业和制造业集聚对经济增长的影响进行初步的观察。考虑到数据的可得性，因青海和西藏的数据缺失较多，我们选取西部 10 省区数据为样本，1999—2009 年各省的人均 GDP 年增长率，使用 $(1/t)\ln(PGDP_{it}/PGDP_{i0})$ 指标来衡量经济发展水平（Papyrakis，2004；邵帅，2008；周业安，2008）；旅游业的发展水平以旅游收入之和占 GDP 比重来衡量；制造业集聚水平以西部地区 21 个二位数制造业产业的工业总产值的空间基尼系数来衡量，绘制出相关的对应关系图（见图 7-1）。图 7-1（a）反映了旅游业和制造业集聚对经济增长的影响，旅游业与经济的增长正相关，表明促进了经济的增长，而制造业的集聚显示与经济增长为负相关，但坐标散点差异较大，有待于进一步分析。图 7-1（b）反映了制造业集聚与旅游业发展水平之间的关系，

---

① 国家旅游局 2010 年的统计。

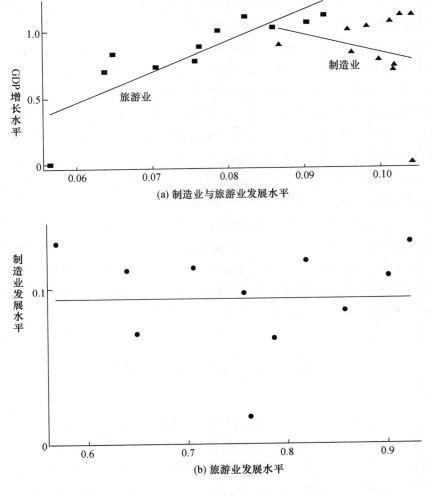

(a) 制造业与旅游业发展水平

(b) 旅游业发展水平

图7-1 西部地区制造业集聚、旅游业与经济增长

并不明显，如果排除异常点，都有可能造成两者之间或正或负完全不同的结果，所以我们还应该进一步分类考察。由于经济现象的复杂性，不可能涉及研究对象的各个影响因素。因此，我们就本书的命题进行探讨，针对近年来的西部地区快速的经济增长、繁荣的旅游业发展和相对缓慢的制造业集聚现象，进行深入的分析，为西部之崛起提供一些有意义的参考。

第三节　实证模型设定与数据说明

基于对 Papyrakis 和 Gerlagh（2004，2007）所用模型的扩展，我们建立以下面板数据模型待估计基本方程：

$$y_{it} = \alpha_1 \ln PGDP_{i0} + \alpha_2 X_{it} + \alpha_3 I_{it} + \alpha_4 Z + \eta_i + \varepsilon_{it} \tag{7.1}$$

式（7.1）中，y_{it} 为 i 省第 t 年人均 GDP 年增长率。X_{it} 为 i 省第 t 年旅游业发展，包括自然设施（如气候、风景、民俗文化、基础设施以及当地居民的友好度等），使用当年汇率转换之后的国际旅游外汇收入占 GDP 比重来计量。$PGDP_{i0}$ 为 i 省初始年份 1999 年人均 GDP，来说明初始技术进步的差异对人均 GDP 增长率的影响。I_{it} 为 i 省第 t 年制造业集聚变量来反映制造业集聚状况，数据主要来源于制造业中 21 个二位数产业考虑数据的可获得性以及官方统计标准的版本，选取工业总产值指标来衡量[①]，空间集聚区域按照省区级划分。然后，测度的方法沿用克鲁格曼（1991）所使用的空间基尼系数，是国外文献研究较为流行的 Ellision – Glaeser 工业地理指数（1997）的简化形式（赵伟，2007），后者的计算涉及企业的市场规模等更加详细的资料，我们无法获取。而其他产业集聚指数计算方法，如区位熵等，无法反映区域之间的集聚差异。所以，本书使用国内学者常用的空间基尼系数对制造业集聚程度进行测量，具体计算公式如下：

$$I_j = \sum_i \left(s_{ij} - x_{ij} \right)^2 \tag{7.2}$$

式（7.2）中，I_j 为 j 行业空间基尼系数，s_{ij} 为 i 地区 j 行业工业总产值占全国该行业工业总产值的比重，x_{ij} 为 i 地区制造业总产值占全国制造业总产值的比重。I 等于零时，产业在空间分布是均匀的，I 越大（最大值为1），说明地区产业的集聚程度越高。并按技术含量的不同[②]，将其分

---

①　文玫（2004）认为，到底使用增加值还是总产值来衡量工业集聚度，还存在争议。前者侧重考虑中间要素和中间投入因素；后者侧重考虑地理位置因素。本书的研究对象地处西部，故选取后者。

②　亦为经济合作与发展组织（OECD）1999 年根据 R&D 投入强度对制造产业分类的技术。高技术制造产业包括医药制造业、仪器仪表及文化办公用机械制造业和通信设备计算机及其他电子设备制造业；中高技术制造产业包括专用设备制造业、化学原料及化学制品制造业、交通运输设备制造业、通用设备制造业、电气机械及器材制造业和化学纤维制造业；中低技术制造产业包括电力热力的生产和供应业、石油加工及炼焦加工业、金属制品业、有色金属冶炼及压延加工业、非金属矿物制品业和黑色金属冶炼及压延加工业；低技术制造产业包括造纸及纸制品业、纺织业饮料制造业、农副食品加工业、食品加工业和烟草制品业。

为高技术产业、中高技术产业、中低技术产业和低技术产业。Z 为常用控制变量，包括物质资本存量 K、人力资本存量 H 等；η_i 为不随时间变化的个体效应；ε_{it} 为随机扰动项。

本书所用的样本数据来源于历年各省区的统计年鉴、《中国工业经济年鉴》、《中国经济普查》、《中国统计年鉴》、《劳动统计年鉴》、第五次人口普查资料和中经网数据库等。表 7-1 列出主要变量的描述性统计。

表 7-1 主要变量的描述性统计

变量	观测值	单位	均值	标准差	最小值	最大值
人均 GDP 增长率	110	1.00	0.084	0.0345	0.000	0.160
旅游开发 X	110	1.00	0.076	0.038	0.016	0.206
制造业集聚 I	110	1.00	0.0072	0.0137	0.0001	0.0621
初始人均 y_0（1990）	110	元	8.387	0.254	7.807	8.788
物质资本 K	110	1.00	0.524	0.131	0.278	0.804
人力资本 H	110	年	7.908	0.706	6.385	9.155
商品零售价格指数 P	110	1.00	1.012	0.059	0.930	1.158

第四节 计量分析

静态面板数据的估计方法有混合最小二乘回归、固定效应模型、随机效应模型和时间效应模型等多种形式，但都有其特定的假设前提，数据资料与假设不符则会导致谬误的结论。本书通过最大似然比检验和 Hausman 检验等方法对模型进行筛选。但面板数据往往存在异方差性和（或）截面相关问题，要使用 Modified Wald 检验和 Wooldridge 检验分别对残差是否存在异方差性和自相关性进行检验。对适用于固定效应（fe）模型的，采用 Stata 软件中可以纠正前两个问题的 xtscc 命令[1]；对适用于随机效应（re）模型的方程，我们则采用可行的广义最小二乘法（FGLS）进行估计。

---

[1] 参见 Hoechle, D., "Robust Standard Errors for Panel Regression with Cross - sectional Dependence", *The Stata Journal*, 3, 2007, pp. 281 - 312。

一　旅游业发展、制造业集聚与经济增长

首先以西部地区经验数据为样本，考察旅游业发展、制造业集聚与经济增长之间的关系。通过文献，我们了解到旅游业发展和制造业集聚分别地对经济增长起到促进作用，但是，把它们纳入一个模型中，可能存在相互的内在作用机制，使得经验结论与预期不一致。因此，我们按照 Rajan 和 Zingales（1998）、Ciccone 和 Papaioannou（2007）、黄玖立（2009）的基本思路引入了旅游业发展与制造业集聚的交叉项，如果假定的这一途径起作用，则交互项的符号显著为正，如此就能说明两者在经济过程中对经济的共同作用。具体的回归方程如下：

$$y_{it} = \alpha_1 \ln PGDP_{i0} + \alpha_2 X_{it} + \alpha_3 I_{it} + \alpha_4 K_{it} + \alpha_5 H_{it} + \alpha_6 P_{it} + \alpha_7 (X_{it} \times I_{it}) + \eta_i + \varepsilon_{it}$$

$$(7.3)$$

式（7.3）中，物质资本存量 K_{it} 的变量指标用各省每年固定资产投资总额与当年 GDP 的比重度量；人力资本存量 H_{it} 使用平均教育年限来计量，对从业人员中各层次教育程度权重分别取文盲为 0，小学为 6，初中为 9，高中为 12，大专及以上为 16；商品零售价格指数 P 变量的数据直接来源于官方统计，被调整到基期年份；α_j 为各个变量所对应变量待估参数。相应回归结果如表 7-2 所示。

表 7-2　经济增长的回归结果（被解释变量：人均 GDP 增长率；随机效应模型）

	制造业	高技术产业	中高技术产业	中低技术产业	低技术产业
旅游业发展（X）	0.107 ***	0.0813 ***	0.151 ***	0.00782	0.125 ***
	(10.52)	(3.76)	(6.56)	(0.35)	(10.96)
制造业集聚（I）	-1.976 ***	12.66	-15.88 ***	-39.70 ***	-1.565 ***
	(-6.13)	(1.33)	(-3.42)	(-27.41)	(-6.55)
旅游开发与制造业集聚的交叉项（$X \times I$）	22.93 ***	185.4 *	147.2 ***	362.3 ***	18.75 ***
	(6.93)	(1.82)	(2.80)	(17.53)	(7.45)
物质资本（K）	0.103 ***	0.131 ***	0.116 ***	0.126 ***	0.105 ***
	(23.15)	(20.14)	(16.15)	(26.19)	(18.48)
人力资本（H）	0.0177 ***	0.0190 ***	0.0179 ***	0.0206 ***	0.0173 ***
	(24.55)	(17.62)	(16.90)	(19.12)	(21.52)
商品零售价格指数（P）	0.0446 **	0.0331 *	0.0122	0.00641	0.0379 *
	(2.15)	(1.92)	(0.78)	(0.56)	(1.72)
人均 GDP 初始值	-0.0265 ***	-0.0279 ***	-0.0220 ***	-0.00189	-0.0275 ***
	(-8.65)	(-6.29)	(-6.81)	(-0.59)	(-8.88)

续表

	制造业	高技术产业	中高技术产业	中低技术产业	低技术产业
常数项	0.0538 *	0.0467	0.0387	-0.125 ***	0.0688 **
	(1.75)	(1.18)	(1.24)	(-6.26)	(2.22)
观测值	110	110	110	110	110
χ^2 值	4559.5	1515.4	726.2	1794.2	2889.2

注：(1) 括号内的数值为标准差；(2) *、** 和 *** 分别表示在 10%、5% 和 1% 水平上统计显著；(3) 对广义最小二乘法 (GLS) 的拟合度 R^2 分析并不合理，所以这里没有汇报。

从表 7-2 可知，西部地区的旅游开发对经济增长的促进作用显著，说明至少现阶段西部地区旅游业的繁荣对该区域经济增长起推动作用，没有"荷兰病"的威胁，这种直接效应已经得到了大量文献研究的证实。从左列 1 看，制造业集聚变量的符号显著为负，且强度比旅游业变量的系数还大，原因可能是西部地区制造业行业基础薄弱，改革开放以来的市场化进程使得早期依靠"三线"建设积累起来的多种优势要素资源继续向中东部流失，与总体经济增长的态势相反，所以，仅仅从这一个方面来看，表现为负显著（钱学锋，2009）。也说明这种非贸易特征的自然资源行业和可贸易的自然资源行业各自直接对经济增长的影响有较为明显的差异。但是，旅游业发展与制造业的交叉项对经济的促进作用为正显著，说明两者为互补而非替代关系，其共同对经济增长的作用远大于单个因素对经济发展的影响，彼此的正外部性极大地推动了当地的经济发展，当然，如果继续考虑到两者对环境、生态等的影响，其正系数可能会较大程度地变小。

就技术含量不同的制造业行业而言，现阶段制造业高技术产业的集聚以及资源开发与制造业集聚的交叉项对经济增长都不明显，可能是由于西部高技术产业发展较落后，且与旅游行业的产业链相距较远，所以对经济增长的作用没有显现。而其他三种技术含量相对较低的产业则能与旅游业发展形成互补而促进增长，进而推动区域经济。至于控制变量的系数，其含义均在预期之中，物质资本 K 和人力资本 H 变量对经济增长都有显著的促进作用，人均 GDP 初始变量系数大多数为负，表明西部地区经济发展趋势存在一定的收敛性，商品零售价格指数 P 系数为正，表明物价水平目前的上涨有利于经济的增长（周雷，2006）。

二　旅游业发展与制造业

仅仅从理论上在严格的假定推导分析下，还不能证明旅游业发展与制造业集聚之间有肯定的联系，关键原因是导致制造业集聚的因素有很多个，要想判断旅游开发对制造业集聚的影响，必须与其他因素综合考虑。较为简便的做法是，借助一个模型对引起空间集聚的诸多因素同时进行回归分析，以观察其中旅游开发变量系数的显著性。为此，我们选取旅游业变量作为主要的解释变量，以制造业集聚度作为被解释变量，以人力资本、物质资本、开放程度等作为控制变量。建立了西部旅游业对制造业集聚的线性回归方程，如下：

$$I_{it} = \beta_0 X_{it} + \beta_1 \ln PGDP_{i0} + \beta_2 H_{it} + \beta_3 K_{it} + \beta_4 O_{it} + \beta_5 P_{it} + \eta_i + \varepsilon_{it}$$

$$(7.4)$$

式（7.4）中，$\ln PGDP_{i0}$、H_{it}、K_{it}、O_{it} 和 P_{it} 变量为控制变量，分别表示初始人均 GDP 水平、人力资本投入、物质资本投入、对外开放程度和商品零售价格水平。主要的变量回归结果如表 7 - 3 所示。

表 7 - 3 　　　　　西部旅游业对制造业集聚波及的线性回归结果

	制造业	高技术产业	中高技术产业	中低技术产业	低技术产业
旅游业（X）	0.114 ***	0.003 ***	0.005 ***	0.002	0.104 ***
	(5.972)	(8.379)	(4.265)	(1.758)	(5.567)
价格指数（P）	- 0.081 ***	- 0.001 ***	- 0.001 **	- 0.003 ***	- 0.078 ***
	(- 5.801)	(5.797)	(- 2.386)	(- 4.831)	(- 5.687)
开放程度（O）	- 0.038	- 0.001 *	- 0.002 ***	0.004 **	- 0.040
	(- 1.314)	(- 2.125)	(- 3.969)	(2.788)	(- 1.411)
物质资本（K）	0.026 ***	0.000 ***	- 0.000	0.001 **	0.026 ***
	(4.856)	(- 5.677)	(- 1.541)	(2.364)	(5.238)
人力资本（H）	- 0.002 ***	- 0.000 ***	0.001 ***	0.000	- 0.003 ***
	(- 4.467)	(- 5.392)	(9.397)	(0.904)	(- 5.913)
初始人均 GDP	0.023 ***	0.000 ***	0.001 ***	0.001 ***	0.022 ***
	(7.450)	(4.231)	(- 6.502)	(9.348)	(7.581)
观测值	110	110	110	110	110
拟合度 R^2	0.243	0.338	0.304	0.410	0.234
F 值	258.860	609.382	160.718	175.021	242.567

注：（1）括号内的数值为标准差；（2）*、** 和 *** 分别表示在 10%、5% 和 1% 水平上统计显著。

从表 7 - 3 线性回归结果可知，总体而言，西部旅游业变量的系数为正显著，表明旅游资源的开发对制造业集聚有促进作用，也可以认为西部旅游业的发展能够为制造业集聚提供有利的环境，也实证了朱希伟（2009）关于工业收入效应大于资源转移效应时，不存在"去工业化"的结论。但不同技术含量的制造业产业集聚与旅游业发展之间关系表现各异。旅游业的发展明显更有利于低技术制造产业集聚度的增加，对中高技术产业、高技术产业集聚的波及效应逐渐减弱。对此可以做如此解释，我国制造业行业集聚程度远低于发达国家，仍处于上升阶段（路江涌，2006）。因此，对于不同技术含量的产业，旅游业的发展会进一步地促进各种制造产业的继续集聚。而中低技术产业的集聚则与旅游资产业发展无明显的关联，原因可能在于中低技术制造产业分类中包含多个能源资源型产业，由于产业特征，旅游业的发展对其波及不明确。至于控制变量系数，多数在预期之中。区域商品零售价格指数的上升不利于制造业的集聚和发展；开放程度对西部不同类型的制造业影响因行业而论，有较明显的差异，与赵伟（2006）关于 FDI 对我国制造业集聚影响分析结论一致；物质资本的增大始终有利于制造业的集聚，与现实情况符合；人力资本对制造业集聚影响不一，可能在于其衡量方式、测量误差，以及人力资本向科技生产的转换效率等因素；初始人均发展水平更有利于低技术产业水平的集聚，而对高技术产业集聚影响最弱。

至此，我们的分析还不能完结。新地理经济学认为，一个行业集聚到一定程度，会产生所谓的"拥挤成本"，必导致行业离心力增加而出现行业再分散趋势。那么，旅游业的繁荣是否会通过带来的某种向心力（如劳动力或资本过度集中、价格指数效应等）而引起制造业集聚的分散趋向？这个问题可以借助于非线性模型来解决，在式（7.5）基础上引入旅游业的二次项，方程形式如下：

$$I_{it} = \beta_0 X_{it} + \beta'_0 X_{it}^2 + \beta_1 \ln PGDP_{i0} + \beta_2 H_{it} + \beta_3 K_{it} + \beta_4 O_{it} + \beta_5 P_{it} + \eta_i + \varepsilon_{it}$$

$$(7.5)$$

式（7.5），X_{it}^2 为旅游业平方项，用来反映旅游开发对制造业集聚的非线性影响。其他变量含义如前文所述。实证得到的具体结果如表 7 - 4 所示。

表 7 - 4　　　西部旅游业对制造业集聚波及的非线性回归结果

	制造业	高技术产业	中高技术产业	中低技术产业	低技术产业
旅游业 X	0.342 ***	0.009 ***	0.017 ***	0.001	0.314 ***
	(10.151)	(15.734)	(6.685)	(0.507)	(9.253)

续表

	制造业	高技术产业	中高技术产业	中低技术产业	低技术产业
旅游业平方项 X^2	-1.317^{***} (-6.178)	-0.035^{***} (-15.766)	-0.073^{***} (-4.964)	0.003 (0.154)	-1.212^{***} (-5.763)
价格指数 P	-0.074^{***} (-6.235)	-0.001^{***} (6.980)	-0.000 (-1.251)	-0.003^{***} (-4.627)	-0.072^{***} (-6.107)
初始人均 GDP	0.020^{***} (3.878)	0.000^{***} (4.134)	-0.001^{**} (-3.212)	0.001^{***} (12.413)	0.020^{***} (4.028)
观测值	110	110	110	110	110
拟合度 R^2	0.282	0.440	0.373	0.410	0.268
F 值	522.317	324.267	215.215	561.279	482.379

注：（1）括号内的数值为标准差；（2）*、** 和 *** 分别表示在10%、5%和1%水平上统计显著。

从表7-4非线性回归结果可知，总体而言，旅游资源开发变量的一次项符号为正，而二次项为负，且都具有1%的统计显著性，表明西部地区旅游资源开发与制造业集聚之间存在倒 U 形关系，结合表7-4可知，从旅游资源开发的角度看，制造业的集聚过程还处于倒 U 形的左边，为新地理经济学关于制造业集聚倒 U 形假说在旅游业发展的领域提供了支持。

对于不同技术含量的产业，中低技术制造产业因其产业特征没有这种倒 U 形的现象。

第五节 本章小结

通过对西部地区旅游业发展、制造业集聚与经济增长的分析，得到如下结论：

第一，现阶段，西部旅游业的开发是经济增长的重要动力之一，不存在诸如传统意义上的自然资源富集的开发不利于经济增长的"诅咒"效应。但自大西部开发以来西部制造业21个产业的集聚逐年下滑，并未对西部经济起到应有的推动作用，毕竟，经济总体发展是各个方面活动共同作用的结果，并不完全归功于制造业的动向。可是，这种状况必将对西部未来的产业结构升级和经济可持续发展造成较大障碍，要想"又好又快"地发展西部经济，归根结底还是要注重工业，尤其是制造业的发展，创造出对资本、劳动力、土地和企业家有足够吸引力的环境，提高制造业的利润空间等政策措施是非常必要的。值得欣慰的是，西部旅游业的发展与制造业集聚的交叉项对经济增长的影响为正显著，表明两者为互补关系，相互的经济往来为整体经济发展做出了较大贡献，且远超出任何单个因素对经济增长积极的或不利的影响。总体上西部地区强劲的经济发展势头背后掩饰着诸多细分行业结构的改革和优化的艰难，令人深思。

第二，按照技术含量不同产业的分类，中低技术产业集聚因包含多个能源资源型产业，具有鲜明的产业特征，旅游业的发展对其波及不明确。而对于其他不同技术含量的产业，旅游业的发展会进一步促进制造产业的继续集聚。通过旅游业与制造业集聚之间的非线性回归发现，除了中低技术制造产业之外，西部地区旅游业发展对该地区制造业集聚的影响存在倒U形效应，制造业的集聚过程还处于倒U形曲线的左边，为新地理经济学关于工业集聚倒U形假设的理论提供了佐证。

第八章 中国资源型地区经济可持续 发展的对策与建议

本书已从理论和实证上检验了我国省级层面的资源丰裕，尤其是能源资源的丰裕确实抑制了区域经济的增长。为了缓解和破解资源诅咒效应，根据前文分析的我国资源诅咒问题的现状，以及我国资源诅咒的作用机制，即从产权双轨制、价格双轨制、人力资本、技术创新的视角，以及其他传导解释变量的影响，尝试提出从资源产权改革与资源补偿制度、资源价格改革、人力资本培养与积累、产业结构的升级与转型和技术创新体系五个方面进行相应改革的可行性建议，为政府决策提供参考。

第一节 对资源产权改革与资源补偿制度的建议

从发达的市场经济国家在长期资源开发利用中的经验来看，如今大多数具有清晰完整的产权安排和收益分配模式，资源开发地的当地居民也得到了满意的补偿，生态环境也由最初被破坏状态进入现在的不断复原过程中。资源产权的改革本质上就是优化资源收益的分配，最为关键的是实现资源地区因开采而耗竭的补偿，目的是为了该地区的资源再生、生态维护、经济建设等。因此，对于前文现状和检验的"中国式资源诅咒"问题，即我国的资源诅咒的重要原因为资源产权纯粹的全民所有制（低效率的资源产权公有制委托—代理关系），以及国有企业在资源产业中垄断地位和"资源租"的缺失，本书认为，资源产权的改革与资源补偿制度的建立是同一过程，不可分离。

一 可借鉴的国外资源产权改革及补偿模式

私有制是国外多数国家实行的产权制度，但是，20世纪以来，能源矿产等资源国有化成为一种世界性趋势，但是，路径与在社会主义国家相反，它们从资源的完全个人私有向国家所有转化。第二次世界大战之后独立的很多民族国家，也普遍实行自然资源归国家所有，其他一些资本主义国家普遍逐渐强化了国家对资源的所有权，比如德国的矿产资源国有化，美国停止向私人出售国有土地等，资源产权制度的重要性在世界范围内大大被提高。在资源的开发与相关制度建立过程中，市场经济国家一般都具备较清晰完整的矿业资源产权的制度安排和合理收益分配模式，多年来逐步形成了几乎统一的思路和操作方法：首先，只要属于资源的范畴，就必须征收权利金，以体现资源储量绝对消耗的补偿；然后，才区别资源条件优劣，征收资源租金税，以体现资源相对级差收益分配。另外，许多国家对资源开采还征收资源红利、负权利金、矿业权租金等收费项目。如图8－1所示是市场经济国家目前关于矿产资源开发所形成的最终模式，很值得我们借鉴。

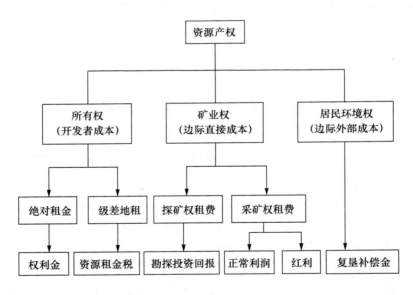

图 8－1　市场经济国家资源产权制度、价值补偿内容及渠道

从图 8－1 倒树形结构可见，矿产资源产权第二层由所有权（开发者成本）、矿业权（边际直接成本）和居民环境权（边际外部成本）三部分构成，括号内容表示矿产资源价值组成的不同部分，然后它们通过各自的第三、第四层渠道得到补偿。目前，我国的能源开发企业往往只缴纳矿产资源税，而对于能源开发占用相应的土地空间以及反映资源超额利润的资源租金税，政府并没有加以征收，这部分成本并没有进入企业的成本核算范围，其相应的收益最终流入能源开发企业及最终的能源消费者。下面将简要地介绍图8-1末端，其中的五种资源收益分配方式。

（一）权利金

权利金是资源开采者支付给所有权人的费用，反映开采和耗竭了不可再生资源的绝对成本和绝对地租的概念，调整资源产权者与资源开发者之间法律特征的关系。权利金的征收在世界范围内都在实行，权利金制度的有效性依赖于两个基本因素，即正确的实施思路和合理的权利金费率。权利金的征收对象是所有开采国有资源的企业、机构与个人，其征收费率的确定是以开采劣等资源的超额利润空间为基础的，因而在确定权利金费率时，需要按资源种类对各地区资源条件进行合理分类（见表8-1）。

表8-1　　　　　　　　　部分国家权利金费率对比　　　　　　　单位：%

	菲律宾	伊朗	博茨瓦纳	坦桑尼亚	墨西哥	美国	澳大利亚
黑色金属	5	4	3	锰：5	铁锰：5	铁：5	铁锰：7.5 其他：5
有色金属	5	4	3	5	5	5	2.5—7.5
稀有金属	5	4	3	5	5	—	2.5—5
贵金属	5	4	5	1.5—5	7	10	2.5
放射性矿产品		4	5	3	5	15	5
宝石金刚石等	2	4	5—10	15	5	10	7.5
化工矿产	2	4	3	—	5—7	硫：12.5 磷：5 钾：2	5
建材	2	5	3	—	5	从量	5
石油天然气	—	—	10			12.5	10
煤炭	从量	4	5		5	露采：12.5 井采：8	7.5
其他非金属	2	—	3	2.5—5	5	从量	5

资料来源：《国外与矿业活动有关的专门税费情况综述》，《中国地质矿产经济》1997年第4期。

（二）资源租金税

亦译资源超权利金、附加利润税。资源租金税是对资源开发者所获得的超额利润的征税，它是以投资回报后的利润为基础的附加税收，调整能源矿产资源产权人与开采权人之间的一种经济特征的关系。资源租金税只有当资源经营者超过了一个门槛收益率时才被征收，其性质相当于级差矿租，反映资源的优劣属性。资源租金税收比权利金征收范围小得多，并不普遍，在西方主要矿业地区中，大约不到 1/5 的国家征收这种税。但有许多国家使用"超权利金"作为绝对地租的权利金的补充，对资源开发者收取优富好矿床的超额利润税，实际就是"资源租金税"。

（三）红利

红利表现为矿产资源产权人对开采者一次性征收的地租及其预期的价值增值。是支付超出权利金的费用，方式是招标拍卖。比如美国分类管理公有矿产资源的勘查与开发，方式就是招标租让。对那些优富好矿床或矿产，施行现金红利招标制度出让方式，这种方式在俄罗斯等一些国家也在使用，在招标拍卖时一次性付费，当然，前提是必须满足政府对投资者资质、环境保护的要求等条件。

（四）固定费（勘探投资回报）

固定费是资源产权人对资源开采者的勘探权、开采权收取的费用。俗称租金、进入费、用户费、使用费等。固定费并不是基于资源的收益多寡，而是基于占有或使用资源产权进行普遍的征收。所有的矿业国家均征收这种费用。一般根据资源的类型（探矿、采矿）按涉及的土地面积收费。开采过程中前期勘查的收费较低，采矿阶段的收费较高（见表 8 - 2）。

表 8 - 2　　　　　　　　　一些国家的探矿权和采矿权租费

国家或地区	探矿权租费	采矿权租费
澳大利亚澳洲	80 澳元/区块，每区块约 3 平方公里	9.3 澳元/公顷
澳大利亚北部	第 1—2 年每区块 10 澳元，第 3 年 20 澳元，第 4 年 40 澳元，第 5 年 80 澳元，第 6 年 160 澳元，每区块约 3 平方公里	10 澳元/公顷
澳大利亚昆士兰州	81.25 澳元/区块	31.4 澳元/公顷
澳大利亚新南威尔士州	21 澳元/区块	—
澳大利亚南澳洲	3 澳元/平方公里	21 澳元/公顷

续表

国家或地区	探矿权租费	采矿权租费
美国	1—5 年 2.5 美元/英亩，6—25 年内 5 美元/英亩	1—5 年 2.5 美元/英亩，6—25 年内 5 美元/英亩
泰国	6 铢/泰亩（合 0.4 英亩）	20 铢/泰亩
缅甸	20 美元/平方公里	—
巴基斯坦	250 卢比/平方公里，逐年增加到第 9 年为 3000 卢比	3000 卢比/平方公里

资料来源：高小萍：《价、税、费、租联动：矿产资源分配体制改革的思考》，《财政与发展》2007 年第 5 期。

（五）复垦补偿金

复垦补偿金是通过政策措施，对土地所有者、建筑物占有者以及周围社区、土地、水和其他显在资源给予货币或非货币形式的补偿，甚至包括开采对文化、休闲等造成损失也给予补偿。在市场经济比较成熟的国家或地区，公众参与、监督和评价复垦补偿金制定程序，很大程度促使了资源与环境、社会、经济关系的和谐发展。反观国内，大量的能源开发企业，如火力发电尚没有安装有效的脱硫设施，即使是安装了脱硫装置，其成本也往往通过电价的调整，转嫁给最终的消费者。环保部门针对能源开发环境污染的收费，不仅不能完全补偿污染导致的损失，而且需要通过追加补贴来换取能源开发企业对环保的配合与支持。这种利益分割上的倒置，不仅助长了能源开发企业对环境补偿的漠视，而且导致社会公众和整体社会福利的巨大损失。

二　我国资源产权收益的多主体分配对策

从国外资源产权最终模式会发现，各个补偿环节将会涉及诸多的主体。就我国而言，区域资源开发与利用的合作过程至少涉及以下利益主体：资源开发企业、资源运输企业、资源输出区的地方政府与资源所在地居民、资源输入区的地方政府、下游资源需求企业及居民和中央政府。简言之，就是构建中央企业、地方、企业和居民和谐发展的关系，如何在能源开发中使资源富集地区走上可持续发展之路。国家应协调和理顺资源开发过程中涉及各方的利益关系，调整现有的财政税收体系，着眼于地方长远发展，建立起一套行之有效的资源开发收益的共享机制。

（一）建立公平的资源收益分配机制

资源开发收益的分配应处理好中央、地方、企业和当地居民四者之间关系。发挥市场机制在要素分配中的基础作用。"发挥市场机制在要素分配中的基础作用"与"发挥市场机制在配置资源的基础作用"是一个问题的两方面。租金、利润、利息和工资在市场经济运行机制中是不可缺少的经济杠杆，在分配领域则表现为四种收入。从理论上讲，资源产品出售后的总收入－资源开采的经营成本＝资源产品剩余，资源产品剩余应包括资源租和企业经营利润，经过政府征税，最后形成资源租、利润和税收，分别由资源所有者、企业经营者和政府获取。其中政府作为资源所有者获取的租金、政府提供公共服务获取税收，国营企业从事资源开采和经营应获取正常利润。而资源租、利润水平应更多由市场机制（供求关系）决定：资源租根据资源的供求状况上下波动，成为反映资源供求关系的信号，并通过资源租的波动调节资源供求关系，以实现资源的优化配置（供求平衡）。在资源租自由波动过程中也就解决了资源所有者的分配问题。其他要素价格也是如此，各种要素价格在波动中形成的比例关系，也就形成了各要素所有者之间的分配关系。

（二）健全资源收益协调机制

由于市场存在缺陷，在市场基础作用之上还需要发挥政府在再分配中的作用。在调节分配中，既要保证资源开发企业根据经营业绩获取经营利润，又要兼顾资源地财政、中央财政等所有者之间，政府与企业之间收益分配关系，同时也要考虑当地居民的合法权益不受侵害。通过税收制度改革，科学构建和完善地方与中央财政的利益分配方式。资源税在我国中西部地区应首先要对资源所属地的生态环境进行有效的补偿，其次再去保证其他的合理利益。这对于改变资源相对丰裕的中西部部分省区不发达的经济状况具有巨大意义。当然必须关照资源丰裕地居民的生存利益，给予必要的物质生活基本保障和足够的补偿，然后才能在更广泛的社会成员之间分享资源丰裕地自然资源开发所得的收益。收益协调机制的健全与完善，还要加强立法，完善监督机制，在宏观上防范争夺资源利益的冲突发生。首先，以法律法规手段为主，国家行政干预为辅，调节在分配中出现的各种损害公众利益和违法行为。然后，建立并完善对资源开发的公众监督机制和民主管理体制。如英国法律明文规定，资源开发的规划必须对民众公开、可供被查询并被质问，从程序上维护公共利益。反观我国的资源开发项目，存在着矿产资源收益流向少数集团和个人手里的现象，关键也在于缺乏必要的公众和政府监督机制，如今最重要的就是建立和完善民众参与监督和管理的机制，使少数人的权力得到有效的遏制，资源收益能够为大多数民众服务，大家都能够从中得到实惠。

（三）建立信息沟通机制

建立民众公平的资源收益分配机制，首先要解决目前信息严重不对称问题。在资源丰裕地区开发过程中，当地居民掌握很少或者根本就不知晓关于开发企业的信息，在谈判中处于极其不利的地位，企业利用民众对信息缺乏，压低补偿赔偿金额，损害公众集体利益甚至整个区域的经济发展。所以，必须要建立行之有效的信息沟通机制，减少双方信息不对称的情况，提供一个公平、公正、公开的谈判平台，实行听证制度听取当地民意，发挥民主。

三　我国资源产权改革与补偿制度的政策建议

资源产权改革为资源补偿制度的建立提供保障，资源补偿制度建立是资源产权改革的途径，两者是同一过程，不可分离。资源产权的改革本质上就是优化资源收益的分配，最为关键的是实现资源地区因开采而耗竭的补偿，目的是为了该地区的资源再生、生态维护、经济建设等。应该理顺中央政府与地方政府的资源产权与事权关系，国家与资源经营企业的关系、政府、企业与资源地居民关系，让资源富集地的政府和人民能分享更多的资源收益；在现行分配框架上，建议资源税费改革；向矿产企业开征资源附加利润税、对失地农民补偿；对资源开采生态补偿等。

（一）理顺中央政府与地方政府的产权与事权关系

就我国而言，在正确处理资源的国家产权与探矿权人、采矿权人收益分配关系的同时，还要兼顾各级政府之间的分配。在现行资源收益分配框架下，应扩大地方的资源收益权。目前，我国的资源税属于地方税，应该给予地方政府根据实际情况自由调整一些税种税率，使地方政府能够运用税收杠杆调整矿产品等资源的级差租金，以达到资源所属地"合理开发、保护资源"的目的，同时对居民的各种资源补偿费、探矿权费和采矿权费的分配也要更多地向地方政府倾斜，促进资源丰裕地区资源开发的可持续发展（江福秀，2007）。调整地方政府和中央政府的资源税收分配比例，首先，要允许资源所在地的地方政府与中央政府共享开采资源企业的收入所得税；其次，重建资源税征收制度，适当提高部分资源的税率，防止无节制地过度开发；最后，提高地方政府在增值税的分配比例，增加资源所在地的资源性财政税收入。将资源收益向资源所在地政府与居民适当倾斜，有利于当地资源的保护和合理开采，满足资源所属地对资源收益的合理要求，有利于地方经济可持续发展（陈怡男，2009）。

（二）完善税费征管体制

第一，开征资源租，即资源权益金。我国《宪法》明文规定国家是资源产权的所有者，在资源实际开采、开发中并没有，或很少获取相应的收益。在计划经济体制中，由于资源企业都是国有企业，而国有企业代表国家行使所有权和经营权，占有了主要的资源收益（垄断性利润）。政府应该借鉴国外的经验，在收到采矿权使用费时，同时向资源开采企业征收权益金，防止国有资产流失以及资源过度开采问题。权益金的征收有两种模式，一是参照资源税的计税依据，以实际销售或者使用资源的价格为收取依据，采用按比例付费的办法，根据国外其他国家标准可以按照销售额的10%左右缴纳。二是根据资源开采企业的开采量进行计征，对不同类型的资源可以采用招标方法确定每一单位资源开采量应缴纳的权益金比例。第一种方法比较符合市场经济运行的要素分配机制。

第二，进行资源税改革。现行的多数资源税征收办法仅按照自用数量和销售数量定额收取，不考虑资源储量的贫富、开采条件等其他情况，无法有效发挥税收杠杆调节资源级差租金收入功能，也无法反映高效开采与利用和保护生态环境的基本原则，建议资源税收由目前定量征税改为从价征税，即资源的税收与相应的资源市场价格直接挂钩。一方面有助于通过税收调节产品生产结构，进而调整整个地区的产业结构，另一方面有助于政府税收随着价格指数有效增减。如今国际石油和煤炭等能源产品已经进入资源高价格时代，更应改进计价方式，使财政税收随着价格变化而变化，有效防止资源开采浪费、廉价利用和随意破坏生态环境。应合理提高资源税税负。与发达市场经济国家相比，我国的目前矿产资源税费率过低，石油和煤炭的资源税率为1%，铁、铝土矿2%，金、矿泉水为4%，而美国和澳大利亚矿产资源平均税费率分别高达12.5%和10%。应借鉴市场经济发达国家的成功经验，对能源、矿产等不可再生一次性资源征收较高的税费，并将资源税率与探明可采储量或矿产价值、矿产回采率、开采难度风险等挂钩，提高资源开采、开发和经营的准入门槛（侯晓靖，

2008）。

第三，提高矿产资源补偿费。我国矿产资源补偿费偏低，据财政部公布，我国矿产资源补偿费平均费率为 1.18%，而与我国性质基本相似的矿产资源，发达国家的费率一般为 2%—8%（张洪等，2008）。近年来，矿产资源价格大幅上涨，但补偿费始终较低，基本未做调整，导致了资源开采的严重浪费，因此，要首先提高矿产资源补偿费的费率。要建立中央政府征收资源补偿费的机构体系。矿产资源补偿费是国家作为矿产资源产权所有者向开发者收取的资源绝对地租，应当由中央政府有关部门征收，之后可以拿出一部分收取的税费给矿产资源所属地的地方政府和居民，保证国家矿产资源涉及的多主体能共享权益。

第四，建立自然资源耗竭补贴制度及生态与环境治理保证金制度。在计划经济体制下，国家重点集中投资形成了众多大型矿山企业，但是没有建立资源耗竭的专项资金补贴制度，以致后来政府没有财力缓解很多资源接近枯竭矿城面临的寻找接替资源的压力，中央政府也不得不直接干预进行帮扶。可以建立资源耗竭补贴企业经营者制度，存留部分净利润形成企业的专项基金，用于寻找接替资源或产业结构调整，以利于地区经济的长期发展。应建立能源、矿山等资源环境恢复治理和生态修复的责任保证金机制。通过该制度，强制资源开发者承担资源开采中的环境治理和生态修复的成本，如果开发者不履行，保证金则不予返还。

第五，开征资源附加利润税。资源附加利润税的税制设计可以参考土地增值税的做法，在扣除相关项目和社会平均利润后以矿产企业的超额利润为计税依据按照累进税率征收。为了照顾资源企业的特点，在扣除项目上可以考虑增加期初投资回收（高小萍，2007）。

（三）关于资源地居民补偿的政策建议

保障能源、矿产资源地居民的合法权益及资源收益，正确处理能源、矿产资源的所有者国家与地方政府和居民利益的关系。放弃目前仅强调各级政府之间的资源收益分配制度，而应与当地居民协商分成资源收益，并规定最低下限。构建资源地居民收益补偿的长效机制，可以参考美国阿拉斯加州做法，将各种资源收益所得收入投资成立多种发展基金，如"养老基金"、"永久基金"等。1982 年以来，阿拉斯加州就已经将基金所得的一部分收益给当地居住六个月以上的居民进行基金利润分红，人均每年几百美元到上千美元不等，即使 2008 年金融危机最严重时期，阿拉斯加州居民人均资源收益分红与补贴仍高达 3269 美元。作为当地资源所有者阿拉斯加人极大受益于资源基金的可持续发展机制。对于一些地处偏远的资源开发地，当地居民的补偿方式与城市化征地应有所区别，可以建议居民以土地入股方式，采取土地租赁形式按期收取租金，分配资源收益，解决当地居民因资源开发失去土地的长期生存问题。

（四）关于资源开发生态补偿的建议

我国与矿产资源生态补偿相关的税费缺少对于生态补偿的直接规定，专项用于矿产资源生态补偿税费缺失。应该采用征收生态补偿费方式来建立一个长期有效的生态补偿机制。生态补偿费的征收应依据能源、矿产资源的负外部性。资源开发往往对生态和环境产生破坏作用，这种经济负外部性的治理成本应当企业内部化，归开发经营者的生产成本，以使能源、矿产资源品价格反映生态和环境应有的价值。因此，有必要考虑设立专门的生态补偿费，通过对专项生态补偿费的征收，使矿产资源生态补偿制度具有稳定的资金来源，最终使矿产资源生态补偿制度得到落实。

第二节　资源价格改革建议

价格是资源产权改革的重要杠杆，是我国双轨制体制实施的主要工具，是影响我国资源诅咒效应的重要手段，也是解决"资源租"缺失的有效方式。考虑资源价格改革对通货膨胀、出口产品竞争力、就业等方面的影响，结合资源价格改革的基本目标和原则，本书认为要素市场进一步改革需要注意策略选择：

一　坚持资源价格改革的市场化方向

坚持市场化改革就是坚持价格作为资源配置的调节信号，需要降低政府对要素市场的人为不合理干预。逐步理顺资源价格比例关系，健全资源市场体系。对不同种类的商品采用不同的改革步骤和方法，逐步探索出一条既符合我们经济发展现状，又能最大限度地推进要素市场与国际市场的接轨。中国的煤价、电价、石油、天然气等能源价格市场化不彻底，为政府干预提供了条件。所以对要素市场的市场化改革的主要方向就是打破国有企业对资源行业的垄断地位，引进民间资本，形成国有企业和民间资本的良性竞争和互动，切实提高要素市场的运营效率。

二　打破市场垄断，培育资源市场竞争格局

为了降低价格改革对宏观经济的冲击，可以通过打破国有企业对资源行业的垄断，允许有条件的民营资本有步骤、有顺序地进入传统的电力、煤炭、石油、天然气等资源行业，增强传统的资源行业的市场竞争力，从而培养健康的要素市场，这既是要素市场价格改革的目标，也是要素市场进一步改革的重要手段。

三　逐步完善资源品价格形成机制

我国资源价格改革滞后，没有反映资源市场真实价格与价值，不能反映资源的供求变动及生态和环境外部成本，无法真正进行资源优化配置。资源价格改革过程必须完善资源价格形成机制，让资源价格准确反映资源的稀缺程度，从而真正做到对资源的节约使用和可持续发展。资源定价首先需要考虑获取资源的成本，由于资源的全民所有制和国有企业垄断经营的性质，导致国有企业在获取资源时的使用成本远远不能反映实际的资源稀缺性。以国际资源比价为例，国际通用的按热值计算的煤炭、石油、天然气比价大致为1:1.5:1.35，而我国大致为1:4:3，煤炭价格被低估；天然气与原油比价大致为1.05:1，而我国大致为0.4:1，天然气价格偏低。另外，能源矿产资源型的垄断企业却获得了较高的超额利润，且长期不用向资源产权的所有者国家缴纳任何费用（除了所谓的"暴利税"之外），如中石油、中石化、国家电网等大型央企。直到2007年也仅按10%比例上缴国有资本收益。同时，中石油、中石化等每年还能从国家获得巨额财政补贴。较低的资源使用成本意味着较低的资源租金，实际上正是无补偿的资源租金决定了资源企业的高利润和资源产品的低价格同时并存的局面。理顺资源产品定价机制需要做到如下两点：一方面，在维护资源国有性质的前提下打破资源的国有经营。让国家真正成为资源的所有者，获取正当的、合理的、反映资源稀缺程度的资源租金；另一方面，充分考虑资源利用过程中环境破坏和环境治理成本，避免并减少资源的无补偿使用。改变目前仍然普遍存在的粗放型经济增长方式，最直接有效的办法就是提高相关能源、矿产等资源的价格，使资源价格能够反映资源稀缺性，适度提高一些资源特别是不可再生资源价格，促使企业提高资源的利用效率，加大科技水平研发，保持市场竞争力。

第三节 资源型地区人力资本培养与积累

资源丰裕地区就业问题是诸多问题中最迫切需要解决的问题之一。建立与完善人力资本产权市场制度、加快投资本地教育和引进人才、重视职工转岗培训及再就业并辅以其他配套措施。

一 建立与完善人力资本产权市场制度

建立人力资本流动和配置市场制度，提高人力资本产权观念，打破人力资本市场在交易对象、地域和户籍歧视、行业特权、城乡区别、人事管理制度等限制，才能实现人力资本价值。完善人力资本收益分配制度，实行按劳分配与按能力分配相结合，做到各层次人力资本回报的适度差距。对于资源型地区急需人才，予以优越条件、优厚待遇，促进人力资本投资的充分实现。

二 加快教育投资，培育与积累人力资本

引入外来人才确实能够解决本地对人力资源的缺乏，但是成本过高。首先，继续加大本地教育投资。资源型地区应加大对公共教育的支出，大力普及和巩固九年义务教育，不断减少初等教育（文盲、小学及初中）从业人员的比重，提高中等教育以上的人口比重。其次，注重职工转岗培训及再就业，建立多种投资主体的培训机构。应当根据需要，改变职工的单一技能，开展不同领域、不同专业、不同层次的培训工作，建立以政府、社会和企业多投资主体的培训机构，组织职工定期培训。最后，鉴于资源型地区人才严重流失，政府必须改变人才激励机制，为高素质人才提供才智发挥空间，为他们创造更好的创业和工作环境，调动其积极性，使高素质人才能够为西部资源丰裕地区经济发展尽智尽力。

第四节 资源型地区产业结构升级与转型

一 推进企业产权制度改革

资源型地区是国有资源型企业和大企业的聚集区域，必须继续推进企业产权制度改革，建立适应产业转型需要的新的经济体制，首先，要解决

国有企业"所有者缺位"问题，促进其产权体制改革，对企业经营者进行激励约束管理，减少所有者的代理成本。其次，继续进行股份制改革，引导和鼓励各种经济成分进入国有企业，应用上市、参股合资等多种形式，实现公有制形式多样化，从根本上解决单一国有体制的弊端，为资源型国有企业转型增添活力。

二 促进资源型地区产业结构升级

目前，国际和国内形势为中西部承接产业转移提供了大好机遇。未来十年正值世界金融危机发生后的资源和产业大洗牌时期，为承接"后金融危机"时代的国际产业转移，处于国内产业高地的东部地区提出"腾笼换鸟"计划，为西部地区发展和产业升级带来机遇；东部沿海地区，土地、劳动力成本开始上升，企业密集度饱和，为中西部地区带来国内机遇。西部资源地区应该抓住这一有利时机，承接东部产业，提升产业结构，通过消化创新实现跨越式发展，实现本地的产业结构转型升级。

三 充分发挥西部地区的资源禀赋优势，运用新技术延伸资源型产业链

大力发展本地区的特色优势产业，如矿产资源洗选业及加工、能源精细化工、高新技术产业、装备制造业、旅游产业和农牧产品深加工等产业。地方政府应制定产业结构合理化规划，以财政补贴和税收优惠引导，结合资源租积累，发展低消耗、低排放的产业。围绕资源开发和资源产业，调整现有以资源开采和粗加工为核心的产业架构，延伸产品的产业链，向下游企业产品延伸，增加消费者终端成品生产，进行产品的精加工和深加工，将原来的自然资源密集型或劳动密集型资源产业转变为资本技术密集型新兴产业，应用高新技术改造传统产业，延伸资源型产业链，实现资源型产业的更替。利用技术创新，或接受外部转移来的类似产业，完成对传统资源型产业的转型。

第五节 资源型地区技术创新体系的建立

地区技术创新不仅为产业结构升级与转型提供持久的支撑，而且是整个社会的"第一生产力"，只有科学技术才能解决资源开发与使用的浪费，实施节约型资源战略，实现集约型经济增长。建立资源型地区技术创

新体系，就要厘清技术创新体系的基本思路，促进科研成果本地转化，组建配套的中介服务机构等。

一　建立技术创新体系基本思路

首先，营造鼓励自主创新的政策环境。引导创新要素向企业集聚，支持有条件的企业建立技术研发机构，鼓励有条件的企业与高校、科研院所建立技术创新战略联盟，整合自主研发力量；要抓好优势领域的科技创新重点，推进电子信息、生物、新能源、新材料、航天航空等领域的自主创新，加强区域联合协作，共同攻克产业核心技术、共性关键技术，组织开展新技术开发和推广示范。

其次，充分发挥高新技术产业园区在产业集聚和创新载体方面的作用。要加速科技与经济的有机整合，推动科技成果向现实生产力转化。

最后，建立健全科技成果转化的金融服务、技术市场等支撑体系；建立以企业为主体、市场为导向、产学研相结合的技术创新体系，加强知识产权的保护；加强创新型人才的培养和引进；调整和完善资源型地区高等教育学科和专业布局与设置。

二　促进科研成果本地转化

首先，要充分激活本地技术创新的现有资源，吸引外部高校、科研单位或企业进驻本地，建立以本地为基础的新兴产业。政府应鼓励企业各种形式的科技研究，并给予减免一定的税收。在技术产业化过程中，给予技术发明者一定收益，提高其科研成果在本地转化的积极性。

其次，直接引入新兴的先进技术到本地落户。资源型地区政府可以牵头组织本地企业赴外地参加技术成果转让洽谈会，以市场交易的方式直接购买对本地发展有意义的科研成果；或者通过技术创新中介服务机构挑选有市场前景的技术实施产业化。

三　建立健全技术创新中介服务平台

鼓励资源型地区官方或民间建立各种形式的行业或区域技术中心，为广大中小企业提供专业化咨询、检测、培训和研究开发等服务。促进各项创新资源顺畅流动。发挥中介服务平台的集成优势，鼓励服务平台跟踪和参与与科技和产业领域相关的国家重大攻关项目。引进和培育与未来发展产业相配套的技术专利代理机构、鉴定机构、投资机构、信息与咨询公司、猎头等人才服务机构、会计师事务所等中介服务组织，进一步丰富中介服务组织类别，拓宽中介服务组织技术创新服务领域和范围。

第六节　本章小结

本章主要探讨了我国资源型地区可持续发展的政策建议，包括：

第一，资源产权改革为资源补偿制度的建立提供保障，资源补偿制度建立是资源产权改革的途径，两者是同一过程；国外的资源产权改革趋势与资源收益分配机制值得我国资源型地区借鉴；理顺中央政府与地方政府的资源产权与事权关系，国家与资源经营企业的关系，政府、企业与资源地居民关系，让资源富集地的政府和人民能分享更多的资源收益；提出资源税费等改革建议，包括提高资源税率，从价征收；提高矿产资源补偿费；建立自然资源耗竭补贴制度及生态与环境治理保证金制度；开征资源附加利润税，对失地农民补偿，对资源开采生态补偿等。

第二，价格改革不仅是中国转变经济增长方式的关键，同时也是促进区域协调发展，促进资源地区走出资源诅咒的关键。要素市场改革的落后导致资源富裕地区不能充分利用其资源优势，而产品市场的相对落后，使得中西部地区在产品市场上同样缺乏竞争力。两种不同类型市场的市场化程度差异决定了西部地区的发展落后。打破国有企业对资源行业的垄断局面，形成资源市场的竞争格局，不仅仅是价格改革的目标，也是价格改革成功的关键。

第三，资源型地区应该建立和完善人力资本产权市场制度，顺利实现人力资本产权交易。建立人力资本流动和配置的市场制度，提高主体参与人的人力资本产权观念。完善人力资本的收益分配制度，实行按劳分配与按能力分配相结合。引进外来人才与本地培养同时进行，注重转岗培训和再就业，为促进资源型地区产业结构升级与转型提供支持。

第九章 结论与研究展望

第一节 主要结论

　　研究资源诅咒的核心问题和最终落脚点就是寻找资源诅咒如何避免或减轻影响的方法和对策，尤其在我国转型处于关键时期，以能源、矿产为代表的自然资源供需"瓶颈"压力本来就大，如何发挥它们对经济增长的促进作用，削减其对经济增长的负面影响，实现资源收益分配的优化管理，对于促进地区经济社会的和谐发展，缩小区域经济发展差距具有巨大的政治和经济作用。本书从理论和实证两个方面考察了资源丰裕对我国区域经济增长的影响，并侧重研究了我国改革开放以来资源开发或资源产业对经济增长的影响，以及它们相互之间的内在机制。主要结论如下：

　　第一，从理论分析上看，资源开发的繁荣不仅影响了生产要素跨部门之间流动，造成逆工业化发展，而且影响了生产要素跨区域流动，造成资源地福利下降，经济发展相对萎缩。作为国民经济主体的资源型产业，在不断吸引与之更易匹配的简单劳动力和资本生产要素的同时，又不断排斥与之较难匹配的高层次人力资本、科学技术、制度要素等。结果，资源部门或地区繁荣了，其他产业，尤其制造业萎缩了，整个区域的经济发展就相应滞后了。若要更好地解释我国资源诅咒问题，必须结合我国的特殊国情，而双轨制是解释中国经济改革及相关问题的一个重要变量，从现状来看，产权双轨制、价格双轨制正在影响经济发展，尤其是资源产权纯粹的全民所有制以及国有企业在资源产业中垄断地位和"资源租"的缺失问题对资源诅咒的影响更为突出。劳动力是一个关键因素，其动态变化是经济不协调最为直接的表象之一，妥善解决此类问题具有政治与经济的双重意义。产业升级和转型是最有效的方式，也是防止"荷兰病"发生的经济措施。

第二，从体制双轨制视角得出以下几点结论：首先，通过初步观察和实证分析可见，资源诅咒现象在我国确实存在。中国式资源诅咒的特殊性源于体制双轨制。由于资源的国有产权与资源价格由国家调控，资源租耗散为国有企业的垄断利润或下游产品的利润，具有要素禀赋优势的地区无法分享资源租，中西部一些资源相对富集的地区难以把资源优势转为经济发展优势。体制双轨制改革如果不彻底，既得利益集团势必妨碍改革进一步发展，还会产生种种弊端，包括腐败、寻租、社会不公等。这些在一定程度上会延续甚至强化资源诅咒现象。最后，通过建立面板误差修正模型发现，地区的经济发展水平、资源供应（或需求）与双轨制存在长期协整关系。价格双轨制对人均产出的不利影响在资源较富集的地区更为明显。

第三，从人力资本角度产生以下结论，在短时间内，能源开发会明显阻碍增强型人力资本的投入，将会较明显地"挤出"受较高教育的劳动力，人均 GDP 的暂时性的增长会降低人力资本的投入，城市化水平短期内的变化对人力资本投资没有显著影响；而长期来看，将会促进人力资本教育层次的提升，能源开发、人均 GDP 和城市化水平的提高都会推动增强型人力资本的投入比重。资源富集地的能源开发是增强型人力资本投资的格兰杰原因。为了避免高层次人才的流出，这些区域必须加大教育投入和施行优惠政策吸引并留住高素质人才，特别是高校毕业生，来促进本地区人力资本的积累。

第四，从资源产业集聚与技术创新角度，由采掘业和原料工业衡量的资源产业集聚与经济增长呈现负相关关系，说明我国存在资源诅咒现象，但是，仍然无法明确得出东部地区也存在资源诅咒的现象。技术创新能力对全国总体经济增长并不具有促进作用，但是在西部，技术创新能力不利于该地区的经济增长。考虑技术创新行为空间效应性，本章进一步应用了空间面板模型考察资源产业集聚等变量对技术创新能力的作用机制。结果显示，技术创新能力在全国范围内具有较强的空间溢出和空间依赖性，在东部、中部和西部表现为依次减弱。中西部地区的资源产业集聚"挤出"技术创新，这意味着中西部地区资源产业的可持续发展面临困难，其生产方式集约化的转变仍然举步维艰，这就需要中西部地方政府转变思路，以科学发展观引导与协调，借鉴东部地区发展经验，处理好增长与转型、短期与长期之间的矛盾。在中西部地区，可以通过国有经济的活动提升技术创新能力；而在东部地区，加强金融深化对提升区域技术创新能力则更为有效。

第五，本书尝试提出了我国资源型地区可持续发展的政策建议包括：首先，资源产权改革为资源补偿制度的建立提供保障，资源补偿制度建立是资源产权改革的途径，两者是同一过程；借鉴发达的市场经济国家资源产权改革及补偿模式，结合我国资源收益分配涉及多个主体，应建立公平的收益分配机制、协调机制和信息沟通机制；理顺中央政府与地方政府的资源产权与事权关系，国家与资源经营企业的关系，政府、企业与资源地居民关系，让资源富集地的政府和人民能分享更多的资源收益。其次，价格改革不仅仅是中国转变经济增长方式的关键，也是促进区域协调发展，促进资源地区走出资源诅咒的关键。最后，资源型地区人力资本开发应该把建立和完善人力资本产权的市场制度结合起来，顺利实现人力资本产权的交易。完善人力资本的收益分配制度，实行按劳分配与按能力分配相结合。引进外来人才与本地培养并重，注重转岗培训和再就业。资源型地区产业升级与转型首先要努力推进企业产权的改革。促进资源型地区产业结构升级与转型，要抓住国际和国内的机会承接产业转移，充分发挥西部地区资源禀赋优势，运用新技术延伸资源型产业链。资源型地区的技术创新应结合当地实际，以企业为主题、市场为导向，形成产学研结合的区域创新体系，提高区域竞争力。建立健全技术创新中介服务平台，促进各项创新资源在其创新主体和要素所有者之间顺畅流动，为促进资源型地区的产业结构升级与转型提供科学技术上的支持。

第二节 不足之处与研究展望

资源诅咒假说理论研究的重点内容之一就是资源诅咒的传导机制问题，也是解释该假说的关键。现有传导机制理论尚不能足够说明资源诅咒问题存在的根本原因。尽管本书做了一些相关的分析，但是由于作者研究水平和更加详细的数据资料获取的限制，有不少方面尚未涉及。另外，本书的写作规范性仍需提高。以下是未来进一步研究的方向，也是本书欠缺的内容：

（1）理论模型可以继续扩展，引入新的经济增长要素，如新经济地理学的具体要素，考虑针对具体地区环境的要素分析等。

（2）实证部分三个方面的解释只选取了其中一个具体变量来说明我国的资源诅咒问题，不足以作为代表。个别控制变量在不同的研究对象模型中出现了有差异的计量结果，可能是测量误差造成的。未来的研究还可以对其中一个方面集中地深入考察，或者把三个角度纳入一个模型进行分析，但是也可能产生较强的变量内生性，这就需要更加细致的工作，有适当的计量模型，详细的地市级甚至县级的样本数据。

（3）改革开放以来，已经有了较丰富的经验数据，分别研究不同属性的自然资源对社会经济发展的影响成为可能，还可以研究资源丰裕地区对周边地区的溢出效应。

（4）关于破解我国资源诅咒的政策建议，本书尽管指出了大致思路，但是具体实施中的对策有待进一步深化，还会存在诸多的历史遗留问题和现实问题，如资源产权改革对既得利益集团的冲击，资源收益分配机制问题；产业结构升级与转型中技术人才与承接产业转移的时机协调等。许多类似问题需要进一步开展研究，以使我国的资源诅咒问题从单纯的文献理论研究转化为现实破解诅咒的对策。

附录 中国 28 个省（市、区）能源生产总量和能源消费总量

中国省际区域能源生产总量和能源消费总量主要数据（1978—2008）

年份	全国		北京市		天津市		河北省	
	能源生产总量（万吨标准煤）	能源消费总量(万吨标准煤)	能源生产总量（万吨标准煤）	能源消费总量（万吨标准煤）	能源生产总量（万吨标准煤）	能源消费总量（万吨标准煤）	能源生产总量（万吨标准煤）	能源消费总量（万吨标准煤）
1978	62270	57144	594.2	1900.1	641.9	1479.56	5219.7	2717.1
1979	64562	58588	591.7	1903.4	668.8	1571.09	5413.5	2919.1
1980	63735	60275	589.2	1907.7	675.8	1562.62	5213.4	3120.5
1981	63227	59447	574.6	1902.6	662.7	1654.15	5502.9	3627.8
1982	66778	62067	588.6	1920.4	669.6	1745.69	5463.3	3929.1
1983	71270	66040	611.5	1984.7	676.5	1737.22	5506.7	4185.8
1984	77855	70904	639.9	2144.1	683.5	1728.75	5510.3	4475.0
1985	85546	76682	702.7	2211.4	690.4	1720.28	5292.7	4548.9
1986	88124	80850	649.8	2400.0	690.0	1811.81	5889.1	5079.5
1987	91266	86632	649.8	2475.8	720.1	1803.35	5716.1	5516.8
1988	95801	92997	653.3	2612.6	701.5	1894.88	5501.4	5962.4
1989	101639	96934	733.4	2653.2	719.3	1986.41	5354.5	6169.3
1990	103922	98703	725.0	2709.7	719.41	2037.93	5313.1	6124.2
1991	104844	103783	719.4	2872.0	726.45	1989.63	5199.9	6471.9
1992	107256	109170	732.9	2987.5	757.45	2140.73	5257.2	6866.3
1993	111059	115993	756.6	3264.6	790.99	2292.67	5348.2	7861.9
1994	118729	122737	727.1	3385.9	936.65	2345.10	5699.8	8168.6
1995	129034	131176	721.9	3533.3	978.82	2568.79	6619.6	8892.4
1996	132616	138948	747.9	3734.5	1036.17	2500.22	6690.4	8938.5
1997	132410	137798	754.0	3719.2	1014.77	2452.34	6470.6	9033.0

续表

年份	全国		北京市		天津市		河北省	
	能源生产总量（万吨标准煤）	能源消费总量（万吨标准煤）	能源生产总量（万吨标准煤）	能源消费总量（万吨标准煤）	能源生产总量（万吨标准煤）	能源消费总量（万吨标准煤）	能源生产总量（万吨标准煤）	能源消费总量（万吨标准煤）
1998	124250	132213	738.0	3808.1	1079.73	2502.24	5868.2	9151.1
1999	125935	133831	595.6	3906.6	1084.63	2553.07	5763.5	9379.3
2000	128978	138553	523.7	4144.0	1201.94	2793.71	5639.3	11195.7
2001	137445	143199	597.6	4229.2	1494.84	2918.04	5656.1	12114.3
2002	143810	151797	632.1	4436.1	1844.92	3022.15	5854.0	13404.5
2003	163842	174990	686.3	4648.2	1983.56	3214.97	5998.0	15297.9
2004	187341	203227	765.0	5139.6	2171.95	3696.68	7414.1	17347.8
2005	205876	224682	679.5	5521.9	2663.93	4115.19	7090.1	19745.1
2006	221056	246270	460.6	5904.1	2915.55	4525.14	6957.1	21690.4
2007	235415	265583	466.1	6285.0	2926.45	4944.49	7246.1	23489.9
2008	260000	285000	414.2	6343.7	3034.76	5363.59	7040.8	24225.7

年份	山西省		内蒙古自治区		辽宁省		吉林省	
	能源生产总量（万吨标准煤）	能源消费总量（万吨标准煤）	能源生产总量（万吨标准煤）	能源消费总量（万吨标准煤）	能源生产总量（万吨标准煤）	能源消费总量（万吨标准煤）	能源生产总量（万吨标准煤）	能源消费总量（万吨标准煤）
1978	8365.6	2759.9	1070.6	1798.1	3890.7	5261.5	1635.6	1661.4
1979	9277.1	3266.0	1074.4	1793.4	4010.1	5304.6	1689.4	1741.2
1980	10307.0	3394.0	1078.9	1790.3	3765.8	5272.1	1530.3	1930.2
1981	11284.7	3269.0	1267.8	1805.5	3460.8	5033.2	1493.4	1819.6
1982	12371.5	3487.0	1465.9	1800.0	3636.4	4111.3	1538.5	2117.3
1983	13553.4	3478.0	1689.1	1847.2	3879.4	5348.2	1637.2	2313.0
1984	15932.2	3628.0	1873.2	1819.3	4492.9	5454.4	1787.6	2495.5
1985	18233.7	4000.0	2027.8	1870.7	4953.2	6325.1	1947.2	2658.8
1986	18878.7	4201.0	2007.7	1856.7	5011.4	6360.3	2142.2	2772.1
1987	19696.3	4394.0	2092.1	1967.1	5094.7	6475.8	2201.6	3080.9
1988	20975.2	4799.0	2252.6	2035.5	5410.9	6824.6	2292.4	3283.8
1989	23413.3	4719.3	2688.7	2250.4	5766.6	7000.1	2369.9	3392.7
1990	24341.2	4710.5	2821.6	2423.5	5958.9	7170.8	2572.5	3523.4
1991	24815.8	4802.3	3069.1	2505.2	6082.4	7218.0	2593.3	3572.8

续表

年份	山西省		内蒙古自治区		辽宁省		吉林省	
	能源生产总量（万吨标准煤）	能源消费总量(万吨标准煤)	能源生产总量（万吨标准煤）	能源消费总量（万吨标准煤）	能源生产总量（万吨标准煤）	能源消费总量（万吨标准煤）	能源生产总量（万吨标准煤）	能源消费总量（万吨标准煤）
1992	25262.2	5034.4	3221.7	2555.0	6233.4	7191.6	2259.4	3614.6
1993	26394.6	5472.5	3647.4	2676.1	6327.2	8695.5	2248.7	3793.8
1994	27759.9	5200.3	3994.0	2812.2	6384.8	9204.6	2311.1	3856.5
1995	29760.9	6574.4	4642.0	3268.4	6239.3	9381.7	2512.9	3954.2
1996	29684.9	6803.8	4767.5	3144.4	6610.8	9417.6	2452.0	4032.7
1997	28801.3	6694.9	5354.6	3709.0	6638.7	9191.6	2499.5	4177.2
1998	26796.5	6613.8	5019.9	3440.1	6422.5	8873.7	2134.6	3626.8
1999	21220.8	5573.2	4566.4	3634.9	5649.5	8869.9	1969.9	3693.2
2000	21457.6	5788.0	4701.2	3937.5	5380.5	9877.2	1885.6	3527.7
2001	23597.8	6967.0	6047.8	4453.5	5376.8	10356.9	1956.7	3712.7
2002	31348.6	8097.9	8428.6	5190.1	5809.8	10333.5	2109.5	4209.0
2003	38555.0	9037.5	10814.1	6612.8	6288.3	11430.7	2365.9	4767.7
2004	43888.6	9550.6	15586.7	8601.8	6749.9	12454.0	2650.8	5207.1
2005	47233.5	10117.1	19082.3	10764.9	6770.8	13592.4	2791.5	5957.6
2006	49590.2	11196.1	22298.4	12805.5	6904.3	15057.6	3191.2	6622.4
2007	53755.8	12135.5	26725.9	14649.4	6441.2	16593.4	3028.2	7350.1
2008	55902.2	12472.4	33440.9	16268.2	6615.5	17768.0	3773.4	8094.7

年份	黑龙江省		上海市		江苏省		浙江省	
	能源生产总量（万吨标准煤）	能源消费总量（万吨标准煤）	能源生产总量（万吨标准煤）	能源消费总量（万吨标准煤）	能源生产总量（万吨标准煤）	能源消费总量（万吨标准煤）	能源生产总量（万吨标准煤）	能源消费总量（万吨标准煤）
1978	10286.5	3338.7	0.0	1690.0	1449.5	2984.8	182.75	1983.22
1979	10693.9	3558.5	0.0	1705.0	1481.9	3302.7	201.94	1954.02
1980	10855.9	3716.4	0.0	1700.0	1514.2	3620.7	221.14	2024.83
1981	10777.9	3795.5	0.0	1770.0	1546.6	3938.6	240.33	2095.63
1982	11063.9	3994.0	0.0	1800.0	1579.0	3656.6	259.53	2366.43
1983	11473.8	4231.2	0.0	1850.0	1611.3	3774.5	278.72	2237.24
1984	12096.3	4556.9	0.0	1890.0	1643.7	3892.4	297.92	2408.04
1985	12708.8	4581.0	0.0	1889.0	1652.9	4123.1	257.11	2378.84

续表

年份	黑龙江省		上海市		江苏省		浙江省	
	能源生产总量（万吨标准煤）	能源消费总量（万吨标准煤）	能源生产总量（万吨标准煤）	能源消费总量（万吨标准煤）	能源生产总量（万吨标准煤）	能源消费总量（万吨标准煤）	能源生产总量（万吨标准煤）	能源消费总量（万吨标准煤）
1986	12961.2	4688.4	0.0	1910.0	1686.5	4382.2	306.31	2449.65
1987	12953.6	4941.7	0.0	2010.0	1730.9	4922.3	285.50	2520.45
1988	13141.0	5140.1	0.0	2650.0	1776.0	5508.1	294.70	2591.25
1989	13257.6	5371.1	0.0	2200.0	1868.7	5586.5	293.89	2662.06
1990	13615.8	5539.7	0.0	2256.0	1849.9	5509.0	317.18	2732.86
1991	13782.2	5656.4	0.0	2590.0	1903.9	5780.8	324.10	3123.17
1992	13713.8	5531.2	0.0	3756.0	1891.5	6296.5	355.57	3484.22
1993	12991.0	5078.3	0.0	3120.0	1929.6	6625.8	388.80	4044.22
1994	13816.9	5745.1	0.0	3320.0	1927.6	7357.7	402.53	4496.67
1995	14014.0	6461.3	0.0	3500.0	2043.3	8047.2	460.70	4851.26
1996	14163.0	6270.5	0.0	3491.0	2039.6	8111.2	379.17	5165.43
1997	14414.4	6635.5	24.0	3561.0	1960.7	7991.1	392.16	5446.74
1998	13389.4	6695.4	35.0	3854.0	1882.9	8118.0	494.04	5656.96
1999	12572.0	6390.0	56.0	4592.0	1848.3	8163.5	454.81	5960.14
2000	11494.0	5663.1	77.0	5499.5	1996.9	8612.4	439.24	6560.37
2001	11374.8	5830.8	133.4	5894.8	1979.2	8881.4	516.41	7253.11
2002	11716.6	6204.2	132.3	6249.3	2083.3	9608.6	745.64	8279.64
2003	11991.3	6309.8	127.6	6796.3	2223.4	11060.7	945.58	9522.56
2004	13625.0	7515.0	130.6	7405.6	2231.5	13651.7	1091.63	10824.69
2005	13755.6	7619.6	126.8	8312.1	2267.6	16895.4	1273.02	12031.67
2006	13922.4	7657.3	114.0	8967.4	2516.5	18742.2	1216.21	13222.53
2007	13542.2	7957.9	107.5	9767.7	2405.8	20604.4	1169.43	14532.91
2008	13058.4	8347.8	87.5	10314.2	2489.4	21775.5	1228.75	15116.59

年份	安徽省		福建省		江西省		山东省	
	能源生产总量（万吨标准煤）	能源消费总量（万吨标准煤）	能源生产总量（万吨标准煤）	能源消费总量（万吨标准煤）	能源生产总量（万吨标准煤）	能源消费总量（万吨标准煤）	能源生产总量（万吨标准煤）	能源消费总量（万吨标准煤）
1978	1756.1	1568.0	461.0	688.0	1138.0	891.4	5901.83	4209.3
1979	1774.7	1509.8	491.0	731.0	1147.0	841.7	6075.07	5108.6

续表

年份	安徽省		福建省		江西省		山东省	
	能源生产总量（万吨标准煤）	能源消费总量（万吨标准煤）	能源生产总量（万吨标准煤）	能源消费总量（万吨标准煤）	能源生产总量（万吨标准煤）	能源消费总量（万吨标准煤）	能源生产总量（万吨标准煤）	能源消费总量（万吨标准煤）
1980	1733.0	1651.5	492.0	710.0	1156.0	892.1	5873.37	5576.7
1981	1712.2	1693.2	493.0	729.0	1165.0	942.4	5392.54	5109.0
1982	1725.2	1735.0	522.0	780.0	1173.9	1092.7	5505.80	5001.3
1983	1817.1	1876.7	609.0	861.0	1182.9	1043.0	5898.00	5709.4
1984	1979.3	1918.4	641.0	930.0	1191.9	1193.3	6696.54	6571.4
1985	2087.0	2060.1	690.0	1043.0	1219.9	1343.7	7531.89	6416.6
1986	2169.6	2201.9	724.0	1114.0	1171.9	1494.0	8046.80	7339.13
1987	2074.7	2343.6	806.0	1215.0	1237.8	1614.6	8511.34	7561.6
1988	2194.1	2485.3	918.0	1363.3	1321.4	1755.8	8918.29	7384.11
1989	2239.7	2627.1	950.0	1404.0	1320.1	1769.1	9038.69	7406.6
1990	2338.2	2768.8	966.5	1458.3	1282.4	1732.3	9262.21	7429.09
1991	2242.7	2910.5	854.4	1530.6	1353.0	1793.4	9269.98	7851.95
1992	2411.2	3138.3	1013.4	1624.1	1344.9	1871.4	9508.88	8874.81
1993	2605.4	3320.4	1051.4	1848.0	1366.1	1946.1	9875.38	8997.67
1994	2941.1	3671.6	1170.0	1953.5	1513.4	2071.5	10624.88	8920.53
1995	3218.5	4194.1	1396.2	2279.9	1868.8	2391.7	10762.35	8943.39
1996	3677.0	4515.6	1406.0	2452.2	1573.2	2154.7	10705.27	9066.25
1997	3533.1	4405.2	1256.3	2499.1	1410.0	2132.4	10630.25	8989.11
1998	3300.4	4574.8	1177.0	2578.6	1394.7	2028.4	10436.05	9011.97
1999	3379.2	4682.7	1634.2	2771.6	1154.5	2123.3	10331.25	9034.83
2000	3436.1	4878.8	1654.6	2942.6	1293.2	2505.0	9657.36	12513.21
2001	3840.1	5118.3	1850.4	3163.1	1242.7	2628.0	11560.58	13778.54
2002	4478.0	5316.0	1923.4	3615.3	1252.2	2933.0	13258.26	16149.70
2003	4844.9	5457.1	1816.8	4062.6	1450.4	3426.0	14383.87	18195.76
2004	5846.0	6016.9	1805.8	4527.8	1730.4	3814.0	14394.13	21398.25
2005	6215.4	6518.0	2387.1	6157.1	2101.5	4286.0	13995.62	25104.79
2006	5993.8	7096.4	2603.1	6811.9	2268.5	4660.1	14083.40	28249.86
2007	6742.4	7752.1	2579.8	7574.2	2271.0	5053.8	14616.67	30596.00
2008	8413.9	8341.6	2940.5	8238.4	2390.6	5375.8	14615.32	32225.23

续表

年份	河南省		湖北省		广东省		广西壮族自治区	
	能源生产总量（万吨标准煤）	能源消费总量（万吨标准煤）	能源生产总量（万吨标准煤）	能源消费总量（万吨标准煤）	能源生产总量（万吨标准煤）	能源消费总量（万吨标准煤）	能源生产总量（万吨标准煤）	能源消费总量（万吨标准煤）
1978	4434	3353	755.6	1829.7	847.8	1801.0	508.59	781.00
1979	4536	3228	641.8	1818.8	797.7	1790.0	475.57	765.00
1980	4402	3389	652.7	2010.7	747.0	1813.0	415.21	730.00
1981	4760	3612	725.7	2191.6	790.3	1859.0	440.82	717.00
1982	4998	3560	931.8	2388.9	819.3	1867.9	481.92	769.00
1983	5456	4035	1139.0	2562.6	809.2	2076.8	524.21	810.00
1984	5981	4474	1250.0	2755.8	800.5	2285.7	526.19	854.00
1985	6909	4618	1352.4	3094.2	855.1	2494.7	638.52	1008.21
1986	7261	4709	1322.3	3291.5	863.8	2703.6	571.19	1022.77
1987	7361	5006	1468.1	3590.4	904.0	3027.6	628.55	1135.66
1988	7624	5292	1677.3	3870.1	1002.4	3529.3	684.45	1160.21
1989	8031	5112	1874.8	4039.6	1007.6	3944.2	706.28	1200.28
1990	8071	5206	1742.5	4002.4	1006.2	3936.4	704.63	1308.21
1991	7999	5363	1548.3	4162.5	1115.0	4520.1	693.59	1386.88
1992	8058	5583	1629.2	4472.4	1452.7	5019.4	783.88	1549.30
1993	8037	5862	1732.0	4778.7	1614.2	5590.0	958.47	1809.21
1994	8085	6225	1816.6	5239.2	2285.7	6479.8	1064.73	2047.95
1995	8454	6473	2139.5	5655.0	2622.5	7062.3	1103.39	2256.52
1996	8757	6654	2174.2	5731.4	3758.3	7456.4	1035.50	2301.11
1997	8558	6711	2074.7	5959.5	4078.6	7669.5	1065.84	2327.74
1998	8080	7244	1991.0	5916.8	3913.6	8083.4	975.93	2417.68
1999	6947	7380	1415.6	5988.0	3509.3	8425.1	855.47	2472.73
2000	6591	7919	1612.3	6269.1	3711.7	9080.2	833.28	2669.34
2001	7238	8367	1816.7	6352.0	3407.2	9775.2	838.35	2898.53
2002	8321	9005	1461.1	6713.0	3627.5	10861.7	770.23	2981.82
2003	10634	10595	1948.4	7645.0	4089.0	12414.5	729.67	3420.82
2004	13079	13074	3569.2	9120.0	4851.3	14487.7	908.43	4308.20
2005	14522	14624	4369.9	9851.0	4525.0	17271.5	1233.18	4980.64
2006	15002	16235	3838.3	10797.0	4160.4	19058.6	1384.17	5514.69

续表

年份	河南省		湖北省		广东省		广西壮族自治区	
	能源生产总量（万吨标准煤）	能源消费总量（万吨标准煤）	能源生产总量（万吨标准煤）	能源消费总量（万吨标准煤）	能源生产总量（万吨标准煤）	能源消费总量（万吨标准煤）	能源生产总量（万吨标准煤）	能源消费总量（万吨标准煤）
2007	14604	17841	4115.4	11861.0	3923.5	21143.1	1467.57	6136.67
2008	15487	18784	5336.0	12603.0	4414.6	22287.9	1946.92	6647.78

年份	海南省		四川省（含重庆）		贵州省	
	能源生产总量（万吨标准煤）	能源消费总量（万吨标准煤）	能源生产总量（万吨标准煤）	能源消费总量（万吨标准煤）	能源生产总量（万吨标准煤）	能源消费总量（万吨标准煤）
1978	0.0	73.5	3578.4	3582.8	1204.5	674.5
1979	0.0	79.0	3885.6	3936.3	1184.0	885.5
1980	0.0	76.0	3980.3	3873.1	1018.2	785.8
1981	0.0	79.0	4006.9	4005.3	1030.3	740.2
1982	0.0	80.0	4107.3	4030.3	1251.4	860.1
1983	0.0	98.2	4447.0	4330.1	1377.5	942.0
1984	0.0	88.2	4889.0	4797.0	1509.2	1068.0
1985	0.0	88.3	5337.2	4916.4	1718.7	1248.0
1986	0.0	98.4	5508.6	5149.1	1879.2	1366.0
1987	0.0	98.5	5883.3	5466.9	2281.4	1648.8
1988	0.0	118.6	6368.6	5935.8	2346.6	1819.6
1989	0.0	138.7	6729.1	6117.8	2550.4	2063.0
1990	32.5	158.8	6490.9	5935.2	2700.2	2129.3
1991	29.4	178.9	6697.0	6280.1	2729.6	2313.1
1992	32.0	214.6	6836.8	6498.1	2973.9	2518.8
1993	26.2	241.8	7086.2	6642.9	3308.1	2545.5
1994	42.5	278.7	7774.2	7060.7	3787.0	2819.7
1995	46.5	309.3	9208.3	8144.3	4067.9	3078.8
1996	49.6	352.1	8381.2	8480.1	4530.1	3442.6
1997	57.6	390.3	9358.3	8684.1	4859.8	3738.7
1998	38.5	409.3	8933.2	8869.0	4843.7	4087.9
1999	36.0	430.6	7269.3	8647.4	3051.5	3854.4
2000	54.0	480.0	6066.7	8847.8	3288.8	4278.6

续表

年份	海南省		四川省（含重庆）		贵州省	
	能源生产总量（万吨标准煤）	能源消费总量（万吨标准煤）	能源生产总量（万吨标准煤）	能源消费总量（万吨标准煤）	能源生产总量（万吨标准煤）	能源消费总量（万吨标准煤）
2001	61.4	520.4	5714.7	9272.7	3482.9	4437.9
2002	55.6	600.2	7163.6	10073.1	4286.1	4469.9
2003	50.5	683.7	8872.4	11940.9	6317.9	5534.5
2004	41.2	742.5	10211.2	13867.4	7791.2	6021.0
2005	59.2	819.1	10523.2	15181.5	8459.5	6428.6
2006	81.7	910.9	11608.7	16772.6	9248.9	7045.3
2007	78.7	1016.2	13046.9	18467.4	8750.6	7696.2
2008	108.5	1088.8	13743.7	19649.5	9846.7	7963.8

年份	云南省		陕西省		甘肃省	
	能源生产总量（万吨标准煤）	能源消费总量（万吨标准煤）	能源生产总量（万吨标准煤）	能源消费总量（万吨标准煤）	能源生产总量（万吨标准煤）	能源消费总量（万吨标准煤）
1978	1002.60	1065.90	1222.8	1165.4	912.6	1320.6
1979	933.90	1072.20	1306.7	1191.1	886.0	1387.7
1980	841.90	946.10	1329.9	1220.8	842.2	1454.8
1981	872.50	948.40	1363.2	1246.5	866.0	1521.8
1982	930.20	1020.60	1492.5	1333.1	946.1	1588.9
1983	966.30	1094.70	1660.0	1507.8	984.4	1656.0
1984	1076.30	1226.30	1792.6	1634.1	1080.5	1723.1
1985	1162.80	1298.33	1992.7	1776.2	1194.1	1790.1
1986	1220.30	1399.07	2114.4	1846.8	1233.1	1857.2
1987	1355.30	1533.22	2136.9	1989.0	1230.1	1937.7
1988	1404.50	1622.52	2080.7	2076.4	1278.8	2021.6
1989	1522.79	1706.87	2338.0	2161.3	1353.3	2128.3
1990	1594.50	1954.18	2505.3	2239.0	1460.9	2174.6
1991	1649.02	1961.92	2513.0	2358.7	1456.9	2311.0
1992	1763.66	2016.61	2677.0	2440.8	1497.0	2349.0
1993	1811.57	2089.80	2643.9	2476.3	1628.5	2508.1
1994	2073.79	2282.80	2890.1	2599.0	1966.4	2683.6

年份	云南省		陕西省		甘肃省	
	能源生产总量（万吨标准煤）	能源消费总量（万吨标准煤）	能源生产总量（万吨标准煤）	能源消费总量（万吨标准煤）	能源生产总量（万吨标准煤）	能源消费总量（万吨标准煤）
1995	2313.65	2640.55	3311.1	2869.1	2276.9	2737.6
1996	2556.85	2819.43	3774.9	3001.2	2163.4	2803.2
1997	2619.97	3428.98	3983.4	3068.6	2294.9	2581.1
1998	2451.49	3364.49	3726.2	2924.8	2452.8	2687.4
1999	2267.97	3287.97	3523.7	2584.2	2426.8	2917.3
2000	2471.77	3468.33	3805.1	2616.8	1914.6	3011.6
2001	2611.54	3741.03	4930.6	3034.3	2007.8	3068.4
2002	3259.95	4131.31	5848.5	3447.9	2443.1	3174.2
2003	3608.45	4449.97	8407.0	3919.0	2854.6	3525.1
2004	4455.68	5209.81	12480.1	4692.7	3360.1	3907.7
2005	5353.36	6023.97	14576.4	5423.7	3605.1	4367.7
2006	6095.10	6640.58	15620.1	6069.0	3798.8	4743.1
2007	6587.28	7173.26	18040.5	6639.5	3985.6	5109.3
2008	7662.18	7577.69	22935.6	7219.4	4096.6	5373.1

年份	青海省		宁夏回族自治区		新疆维吾尔自治区	
	能源生产总量（万吨标准煤）	能源消费总量（万吨标准煤）	能源生产总量（万吨标准煤）	能源消费总量（万吨标准煤）	能源生产总量（万吨标准煤）	能源消费总量（万吨标准煤）
1978	167.3	200.3	806.4	289.0	1410.8	979.3
1979	190.4	240.3	864.6	295.0	1408.7	974.4
1980	175.26	269.0	810.8	320.1	1527.7	1026.5
1981	201.50	260.2	793.0	284.9	1518.2	1060.4
1982	190.70	250.3	777.2	324.6	1576.5	1070.0
1983	240.60	280.5	810.0	344.3	1709.9	1173.7
1984	260.20	300.4	872.2	391.4	1861.7	1227.8
1985	230.26	349.2	973.1	420.4	2092.5	1410.8
1986	300.60	370.5	960.4	451.0	2216.9	1445.6
1987	349.40	369.3	997.6	509.0	2181.7	1460.6
1988	456.20	469.6	1031.8	549.6	2432.1	1649.1

续表

年份	青海省		宁夏回族自治区		新疆维吾尔自治区	
	能源生产总量（万吨标准煤）	能源消费总量（万吨标准煤）	能源生产总量（万吨标准煤）	能源消费总量（万吨标准煤）	能源生产总量（万吨标准煤）	能源消费总量（万吨标准煤）
1989	504.70	482.2	1051.0	614.9	2647.6	1760.8
1990	606.46	504.4	1115.2	707.3	2801.6	1924.4
1991	552.26	474.3	1070.6	694.4	2930.3	2071.4
1992	504.85	499.3	1049.8	705.0	3180.9	2260.8
1993	559.17	560.0	1024.5	715.8	3622.8	2497.0
1994	619.47	625.4	1052.6	740.8	3957.2	2605.7
1995	571.57	687.7	1132.1	775.2	4266.1	2733.0
1996	584.71	698.3	1251.6	808.8	4755.5	3045.2
1997	672.89	706.8	1319.0	814.0	5130.6	3208.2
1998	771.00	738.9	1300.5	816.9	5095.2	3279.8
1999	885.89	938.7	1290.5	823.1	5246.3	3215.0
2000	937.90	897.2	1339.7	875.0	5419.8	3316.0
2001	907.05	939.3	1409.0	915.6	5720.0	3496.4
2002	976.46	1018.8	1594.9	1041.5	6156.1	3622.4
2003	990.14	1122.7	1903.9	1530.0	6657.4	4064.4
2004	1226.30	1364.4	1759.8	2283.1	7113.0	4784.8
2005	1775.41	1670.2	1927.8	2480.4	8175.7	5506.5
2006	1975.03	1903.2	2370.2	2775.2	9528.7	6047.3
2007	2235.92	2094.9	2824.9	3029.1	10735.8	6575.9
2008	2556.83	2256.5	3181.7	3188.7	12669.1	7069.4

参考文献

[1] 安虎森、蒋涛:《块状世界的经济学——空间经济学点评》,《南开经济研究》2006年第5期。

[2] 安虎森:《新经济地理学原理》,经济科学出版社2009年版。

[3] 陈怡男、李学林:《资源所在地的利益补偿机制初探——以油气田资源开发为例》,《长江流域资源与环境》2009年第3期。

[4] 陈仲常、谢波、丁从明:《体制双轨制视角下的"中国式资源诅咒"研究》,《科研管理》2012年第8期。

[5] 陈仲常、谢波:《人力资本对全要素生产率的外部性检验——基于我国省际面板动态模型》,《人口与经济》2013年第1期。

[6] 樊纲、王小鲁:《中国各地区市场化相对进程报告》,《经济研究》2003年第3期。

[7] 樊纲、王小鲁、马光荣:《中国市场化进程对经济增长的贡献》,《经济研究》2011年第9期。

[8] 高小萍:《价、税、费、租联动:矿产资源分配体制改革的思考》,《财政与发展》2007年第5期。

[9] 顾朝林、石爱华、王恩儒:《"新经济地理学"与"地理经济学"——兼论西方经济学与地理学融合的新趋向》,《地理科学》2002年第2期。

[10] 何江、张馨之:《中国区域经济增长及其收敛性:空间面板数据分析》,《南方经济》2006年第5期。

[11] 侯晓靖:《从党的十七大报告看我国资源税费的改进》,《生态经济》(学术版)2008年第1期。

[12] 胡援成、肖德勇:《经济发展门槛与自然资源诅咒——基于我国省际层面的面板数据实证研究》,《管理世界》2007年第4期。

[13] 江福秀:《关于建立和完善矿产资源收益分配制度的研究》,《南方

国土资源》2007 年第 1 期。

［14］姜玲、梁涵、刘志春：《环渤海地区科技人力资源与区域经济发展的关联关系研究》，《中国软科学》2010 年第 5 期。

［15］焦斌龙、焦志明：《中国人力资本存量估算：1978—2007》，《经济学家》2010 年第 9 期。

［16］金煜、陈钊、陆铭：《中国的地区工业集聚：经济地理、新经济地理与经济政策》，《经济研究》2006 年第 4 期。

［17］李国平、张云：《矿产资源的价值补偿模式及国际经验》，《资源科学》2005 年第 5 期。

［18］李宏彬、李杏、姚先国、张海峰、张俊森：《企业家的创业与创新精神对中国经济增长的影响》，《经济研究》2009 年第 10 期。

［19］李尚骜、陈继勇、李卓：《干中学、过度投资和 R&D 对人力资本积累的"侵蚀效应"》，《经济研究》2011 年第 6 期。

［20］李雨潼、王海红：《我国资源型城市的劳动力就业问题探析》，《人口学刊》2008 年第 4 期。

［21］李育安：《分位数回归及应用》，《统计与信息论坛》2006 年第 5 期。

［22］李志龙：《"中国式资源诅咒"问题研究》，硕士学位论文，重庆大学，2009 年。

［23］李智勇、胡永远、易先忠：《异质性人力资本对经济增长的作用机制检验》，《数量经济技术经济研究》2008 年第 4 期。

［24］梁云芳：《我国经济转型时期房地产增长周期波动》，博士学位论文，东北财经大学，2009 年。

［25］林毅夫、蔡昉、李周：《中国的奇迹：发展战略与经济改革》，上海三联书店 1999 年版。

［26］刘秉镰、武鹏、刘玉海：《交通基础设施与中国全要素生产率增长》，《中国工业经济》2010 年第 3 期。

［27］刘灿、吴垠：《分权理论及其在自然资源产权制度改革中的应用》，《经济理论与经济管理》2008 年第 11 期。

［28］刘军、李廉水、王忠：《产业聚集对区域创新能力的影响及其行业差异》，《科研管理》2010 年第 11 期。

［29］刘庆岩、孙早：《私营企业发展中的资源开发效应》，《中国工业经

济》2009 年第 6 期。

[30] 马兹晖：《中国地方财政收入与支出——面板数据因果性与协整研究》，《管理世界》2008 年第 3 期。

[31] 孟昌：《对自然资源产权制度改革的思考》，《改革》2003 年第 5 期。

[32] 钱晓烨、迟巍、黎波：《人力资本对我国区域创新及经济增长的影响》，《数量经济技术经济研究》2010 年第 4 期。

[33] 邱竞、薛冰：《新经济地理学研究综述》，《兰州学刊》2008 年第 4 期。

[34] 邵帅、齐中英：《西部地区的能源开发与经济增长——基于资源诅咒假说的实证分析》，《经济研究》2008 年第 4 期。

[35] 邵帅、杨莉莉：《自然资源丰裕、资源产业依赖与中国区域经济增长》，《管理世界》2010 年第 9 期。

[36] 孙永平、叶初升：《资源依赖地理区位与城市经济增长》，《当代经济科学》2011 年第 1 期。

[37] 孙永平、叶初升：《自然资源丰裕与产业结构扭曲》，《南京社会科学》2012 年第 6 期。

[38] 孙永平：《自然资源与经济增长关系的历史考察》，《经济评论》2011 年第 2 期。

[39] 万广华：《经济发展与收入不均等》，上海三联书店、上海人民出版社 2006 年版。

[40] 王柏玲：《中国资源性产品的价格改革问题》，《大连海事大学学报》（社会科学版）2008 年第 5 期。

[41] 王金营、郑书朋：《人力资本在经济增长中作用的东部与西部比较》，《人口与经济》2010 年第 4 期。

[42] 王少华：《资源诅咒传导机制的实证研究与理论扩展方向》，硕士学位论文，对外经济贸易大学，2009 年。

[43] 魏国学、陶然、陆曦：《资源诅咒与中国元素：源自 135 个发展中国家的证据》，《世界经济》2010 年第 12 期。

[44] 魏下海：《人力资本、空间溢出与省际全要素生产率增长》，《财经研究》2010 年第 12 期。

[45] 吴敬琏：《中国经济 60 年》，《财经》2009 年第 20 期。

［46］吴玉鸣、李建霞：《中国省域能源消费的空间计量经济分析》，《中国人口资源与环境》2008 年第 3 期。

［47］夏万军、纪宏：《我国区域人力资本分布与经济增长》，《经济纵横》2007 年第 5 期。

［48］谢波、陈仲常：《自然资源、人力资本异质性与区域经济增长——基于省际面板数据的经验分析》，《人口与经济》2011 年第 4 期。

［49］谢波：《资源产业集聚、区域创新能力与经济增长——基于省际面板的实证分析》，《科技进步与对策》2013 年第 7 期。

［50］谢燮、杨开忠：《新地理经济学模型的政策含义及其对中国的启示》，《地理与地理信息科学》2005 年第 3 期。

［51］邢国军：《"荷兰病"的中国变异》，《装备制造》2011 年第 6 期。

［52］徐康宁、王剑：《自然资源富集程度与经济发展水平关系的研究》，《经济研究》2006 年第 1 期。

［53］杨人卫：《我国资源税费制度现状及其完善措施》，《环境经济》2005 年第 5 期。

［54］杨远锋：《创新号的发明与应用》，《中国思维科学研究论文选》2011 年专辑。

［55］姚耀军：《中国金融发展与全要素生产率——基于时间序列的经验证据》，《数量经济技术经济研究》2010 年第 3 期。

［56］余翔：《公共支出、金融发展与环境绩效》，博士学位论文，重庆大学，2010 年。

［57］张洪、刘方乐：《略谈我国资源税费管理体制的改革思路》，《财会月刊》2008 年第 4 期。

［58］张军：《双轨制经济学：中国的经济改革》，上海人民出版社 2006 年版。

［59］张维迎：《公有制经济中的委托人—代理人关系：理论分析和政策含义》，《经济研究》1995 年第 4 期。

［60］张伟、昊文元：《基于环境绩效的长三角都市圈全要素能源效率研究》，《经济研究》2011 年第 10 期。

［61］张昕、李廉水：《制造业聚集、知识溢出与区域创新绩效》，《数量经济技术经济研究》2007 年第 8 期。

［62］张卓元：《中国经济改革理论三步曲：商品经济论、市场取向论、

市场经济论》，《财贸经济》1992 年第 11 期。

[63] 赵伟伟、白永秀：《资源诅咒传导机制的研究述评》，《经济理论与经济管理》2010 年第 2 期。

[64] 郑江淮、高彦彦、胡小文：《企业"扎堆"、技术升级与经济绩效》，《经济研究》2008 年第 5 期。

[65] 中国经济增长与宏观稳定课题组：《资本化扩张与赶超型经济的技术进步》，《经济研究》2010 年第 5 期。

[66] 钟伟：《解读新双轨》，《中国改革》2005 年第 2 期。

[67] 周立：《中国各地区金融发展与经济增长：1978—2000》，清华大学出版社 2004 年版。

[68] 周业安、章泉：《参数异质性、经济趋同与中国区域经济发展》，《经济研究》2008 年第 1 期。

[69] 邹薇、代谦：《技术模仿、人力资本积累与经济赶超》，《中国社会科学》2003 年第 5 期。

[70] Aldave, I. and C. Gareia – Penslosa, 2009, Education, Corruption and the Natural Resource Curse [J]. Working Papers from Banco Central de Reserve Del Peru, 2009 – 2005.

[71] Alexander, L., 2010, Subnational Resource Curse: Do Economic or Political Institutions Matter? [J]. Working Paper Series of Frankfurt School of Finance & Management, No. 154.

[72] Alexeev, M., Conrad, R., 2009, The Elusive Curse of Oil [J]. *Rev Econ Stat*, 91 (3), pp. 586 – 598.

[73] Alichi, A. and R. Arezki, 2009, An Alternative Explanation for the Resource Curse: The Income Effect Channelp [J]. IMF Working Paper, No. 09/112.

[74] Anselin, L., 2009, Spatial Regression [M]. The SAGE Handbook of Spatial Analysis, SAGE Publications Ltd. .

[75] Arellano, Manuel and Bover, Olympia, 1995, Another Look at the Instrumental Variable Estimation of Error Components Models [J]. *Journal of Econometrics*, (68), pp. 29 – 51.

[76] Arrow, K. J., 1962, The Economic Implications of Learning by Doing [J]. *Review of Economic Studies*, (29), pp. 155 – 173.

[77] Askari, H. , Nowshirvani, V. , Jaber, M. , 1997, *Economic Development in the GCC: The Blessing and the Curse of Oil* [M]. JAI Press, Greenwich.

[78] Aslaksen, S. , 2010, Oil and Democracy: More than a Cross – country Correlation [J]. *Journal of Peace Research*, Vol. 47, No, 4, pp. 421 – 431.

[79] Auty, R. M. , 1990, Resource – based Industrialization: Sowing the Oil in Eight Developing Countries [M]. Clarendon, Oxford.

[80] Auty, R. M. , 1991, Managing Mineral Dependence: Papua New Guinea 1972 – 1989 [J]. *Natural Resources Forum*, (3), pp. 90 – 99.

[81] Auty, R. M. , 1993, *Sustaining Development in Mineral Economies: The Resource Curse Thesis* [M]. Routledge, London.

[82] Auty, R. M. , 1994a, Industrial Policy Reform in Six Large Newly Industrialized Countries: The Resource Curse Thesis. World Development, (12), pp. 11 – 26.

[83] Auty, R. M. , 1994b, Patterns of Development: Resources, Policy, and Economic Growth [M]. Edward Arnold, London.

[84] Baldwin, R. , Forslid, R. , Martin, P. et al. , 2003, *Economic Geography and Public Policy* [M]. Princeton University Press.

[85] Bill, J. A. , Springborg, R. , 1994, Politics in the Middle East [M]. Harper Collins, New York.

[86] Bjorvatn, K. , Farzanegan, M. R. and F. Schneider, 2012, Resource Curse and Power Balance: Evidence from Oil – rich Countries [J]. World Development, Vol. 40, No. 7, pp. 1308 – 1316.

[87] Blundell, Richard and Bond, Stephen, 1998, Initial Conditions and Moment Restrictions in Dynamic Panel Data Models [J]. *Journal of Econometrics*, (87), pp. 115 – 143.

[88] Boston, Sachs, J. D. , Warner, A. M. , 1995a, Natural Resource Abundance and Economic Growth [J]. HIID Working Paper, 517a, October.

[89] Boyce, J. R. , Emery, J. C. H. , 2011, Is a Negative Correlation Between Resource Abundance and Growth Sufficient Evidence that There is a "Resource Curse? [J]. *Resource Policy*, 36 (1), pp. 1 – 13.

[90] Brunnschweiler, C. N. , Bulte, E. H. , 2008, The Resource Curse Re-

visited and Revised: A Tale of Paradoxes and Red Herrings [J]. *Journal Environ Economic Manage*, (55), pp. 248 – 264.

[91] Buchinsky, Moshe, 1998, Recent Advance in Quantile Regression Models: A Practical Guideline for Empirical Research [J]. *Journal of Human Resources*, (33), pp. 88 – 126.

[92] Butkiewicz, J. L., Yanikkaya, H., 2010, Minerals, Institutions, Openness, and Growth: An Empirical Analysis [J]. *Land Economic*, 86 (2), pp. 313 – 328.

[93] Cavalcanti, T., Mohaddes, K. and M. Raiss., 2011, Growth, Development and Natural Resources: New Evidence Using a Heterogeneous Panel Analysis [J]. *The Quarterly Review of Economics and Finance*, Vol. 51, No. 4, pp. 305 – 318.

[94] Christian Aid, 2003, Fueling Poverty: Oil, War, and Corruption [M]. Christian Aid, London Cordon.

[95] Davis, G. A., 2005, Learning to Love the Dutch Disease: Evidence from the Mineral Economies [J]. *World Development*, 23 (10), pp. 1765 – 1779.

[96] Douglss C. North, 1990, *Institutions, Institutional Change and Economic Performance* [J]. Cambridge University Press.

[97] E. F. Blackburne III and M. W. Frank, 2007, Estimation of Nonstationary Heterogeneous Panels [J]. *Stata Journal*, (2), pp. 197 – 208.

[98] Fan, R., Fang, Y. and S. Y. Park, 2012, Resource Abundance and Economics Growth in China [J]. *China Economics Review*, Vol. 23, No. 3, pp. 704 – 719.

[99] Frankel, J. A., 2010, The Natural Resource Curse: A Survey [J]. NBER Working Paper 15836.

[100] Freeman, D. G., 2009, The Resource Curse and Regional U. S. Development [J]. *Applied Economy Letters*, Vol. 16, No. 5, pp. 527 – 530.

[101] Galor, Oded and Omer Moav, 2002, Natural Selection and the Origin of Economic Growth [J]. *Quarterly Journal of Economics*, 117, pp. 1133 – 1191.

[102] Gelb, A. H., 1988, *Oil Windfalls: Blessing or Curse?* [M]. Oxford U-

niversity Press, New York.

[103] Gerard, B. , 2011, A Natural Resource Curse: Does it Exist within the United States? [J]. CMC Senior Theses Paper, No. 158.

[104] Greasley, D. and J. B. Madsen, 2010, Curse and Boon: Natural Resources and Long – Run Growth in Currently Rich Economics [J]. *Economic Record*, Vol. 86, No. 274, pp. 311 – 328.

[105] Gylfason, T. , 2001, Nature, Power, and Growth [J] . CESifo (Center for Economic Studies and Ifo Institute for Economic Research), Working Paper Series No. 413, January.

[106] Gylfason, 2001, Natural Resources, Education and Economics Development [J]. *European Economic Review*, (45), pp. 847 – 859.

[107] Haber, S. H. and V. A. Menaldo, 2011, Do Natural Resources Fuel Authoritarianism? A Reappraisal of the Resource Curse [J]. *American Political and Science Review*, Vol. 105, No. 1, pp. 1 – 26.

[108] Hall, R. E. , Jones, C. I. , 1999, Why do Some Countries Produce so Much More output Per Worker than Others? [J]. *Quart Journal Economic*, (114), pp. 83 – 116.

[109] Harris, R. and Sollis, R. , 2003, *Applied Time Series Modeling and Forecasting* [M]. John Wiley and Sons Ltd. , pp. 190 – 248.

[110] Henderson, J. V. , 1974, The Sizes and Types of Cities [J]. *American Economic Review*, (64), pp. 640 – 656.

[111] Hoechle, D. , 2007, Robust Standard Errors for Panel Regression with Cross – sectional Dependence[J]. *The Stata Journal*, (3), pp. 281 – 312.

[112] Jacobs, J. T. , 1969, The Economy of Cities [M]. New York: Vintage.

[113] James, A. , 2007, Empirical Investigation of the U. S. Counties [J]. *Resource and Energy Economics*, Vol. 33, No. 2, pp. 440 – 453.

[114] Kanbur, Ravi and Xiaobo, Zhang, 2005, Fifty Years of Regional Inequality in China: A Journey through Central Planning, Reform and Openness [J]. *Review of Development Economics*, (9), pp. 87 – 106.

[115] Karl, T. L. , 1997, *The Paradox of Plenty: Oil Booms and Petro – states* [M]. University of California Press, Berkeley.

[116] Keay, I. , 2007, The Engine or the Caboose? Resource Industries and Twentieth – century Canadian Economic Performance [J]. *Journal Economic History*, 67 (1), pp. 1 – 32.

[117] Kim, Tschangho John and Knaap, Gerrit, 2001, The Spatial Dispersion of Economic Activities and Development Trends in China: 1952 – 1985 [J]. *The Annals of Regional Science*, (35), pp. 39 – 37.

[118] Koenker, R. , G. Bassett, 1978, Regression Quantiles [J]. *Econometrica*, (46), pp. 33 – 50.

[119] Krueger, Alan B. and Mikael Lindahl, 2001, Education for Growth: Why and for Whom ? [J]. *Journal of Economic Literature*, (39), pp. 1101 – 1136.

[120] Krugman, P. , 1991, Increasing Returns and Economic Geography [J]. *Journal of Political Economy*, (99), pp. 483 – 499.

[121] Kumbhakar, S. and Mavrotas, G. , 2005, Financial Sector Development and Productivity Growth [C]. Research Paper, (68), pp. 124 – 184.

[122] Kurtz, M. J. and S. M. Brooks, 2011, Conditioning the Resource Curse: Globalization, Human Capital and Growth in Oil – rich Nations [J]. *Comparative Political Studies*, Vol. 44, No. 6, pp. 747 – 770.

[123] Lederman, D. , Maloney, W. F. , 2007, Trade Structure and Growth [M]. In: Lederman, D. , Maloney, W. F. (eds.) .

[124] Leite, Carlos, Weidmann, Jens, 1999, Does Mother Nature Corrupt ? Natural Resources Corruption and Economic Growt [C]. IMF Working Paper, No. 99.

[125] Le Sage, J. , 1999, The Theory and Practice of Spatial Econometrics, The Web Book of Regional Science.

[126] Loko, B. and M. A. Diouf, 2009, Revisiting the Determinants of Productivity Growth: What's New? [J]. IMF Working Paper, WP/09/225.

[127] Mankiw, N. G. , Romer, D. Weil, D. , 1992, A Contribution to the Empirics of Economic Growth [J]. *Quarterly Journal of Economics*, (107), pp. 407 – 437.

[128] Martin, P. , 1999, Are European Regional Policies Delivering? [C]. European Investment Bank Papers, (4), pp. 10 – 23.

[129] Matsen, E. , Torvik, R. , 2005, Optimal Dutch Disease [J]. *Journal Development Economic*, (78), pp. 494 – 515.

[130] McNeil, D. G. Jr, 2010, Next for Afghanistan, the Curse of Plenty? [N]. New York Times, Step.

[131] Mehrara, M. , 2009, Reconsidering the Resource Curse in 11 Oil – exporting Countries[J]. *Energy Policy*, Vol. 37, No. 3, pp. 1165 – 1169.

[132] Meier, G. , Rauch, J. E. , 2000, *Leading Issues in Economic Development* [M]. Oxford University Press, New York.

[133] Moran, P. , 1948, The Interpretation on Statistical Maps [J]. *Journal of the Royal Statistical Society*, Oct. .

[134] Moreno, R. , Paci, R. , Usai, S. , 2006, Spatial Spillovers and Innovation Activity in European Regions [R]. *Environment and Planning*, A, 37, pp. 1793 – 1812.

[135] Murphy, K. M. , Shleifer, A. and Vishny, R. W. , 1992, The Transition to a Market Economy: Pitfalls of Partial Reform [J]. *The Quarterly Economy of Economics*, (8), pp. 54 – 78.

[136] Murshed, S. M. and L. A. Serino, 2011, The Pattern of Specialization and Economic Growth: The Resource Curse Hypothesis Revisited [J]. *Structural Change and Economic Dynamics*, Vol. 22, No. 2, pp. 151 – 161.

[137] Neary, J. Peter, Hype and Hyperbolas, 2001, Introducing the New Economic Geography [J]. *Journal of Economic Literature*, 39 (2), pp. 536 – 561.

[138] Nelson, Richard R. and Phelps, Edmund S. , 1966, Investment in Humans, Technological Diffusion, and Economic Growth [J]. *American Economic Review*, (61), pp. 69 – 75.

[139] Neumayer, E. , 2004, Does the "Resource Curse" Hold for Growth in Genuine Income as well? [J]. *World Development*, 32 (10), pp. 1627 – 1640.

[140] North, D. , 1990, *Institutions, Institutional Change and Economic Performance* [M]. Cambridge University Press.

[141] Olsson, O. , 2006, Diamonds are A Rebel's Best Friend [J]. *World Economic*, 29 (8), pp. 1133 – 1150.

[142] Ottaviano, Gianmarco I. P. and Diego Puga, 1997, Agglomeration in the Global Econony: A Survey of the New Economic Geography [J]. Center for Economic Performance Discussion Paper, No. 356.

[143] Papyrakis, E. and Gerlagh, R., 2004, The Resource Curse Hypo Thesis and Its Transmission Channels [J]. *Journal of Comparative Economics*, (32), pp. 27 – 38.

[144] Pegg, S., 2003, Poverty Reduction or Poverty Exacerbation? [M]. World Bank Group Support for Extractive Industries in Africa. Oxfam America, Boston.

[145] Peretto, P. and S. Valente, 2011, Resources, Innovation and Growth in the Global Economy [J]. *Journal of Monetary Economics*, Vol. 58, No. 4. pp. 378 – 399.

[146] Persyn, D. and J. Westerlund, 2008, Error Correction Based Cointegration Tests for Panel Data [J]. *The Stata Journal*, (2), pp. 232 – 241.

[147] Puga, D., 2002, European Regional Policies in the Light of Recent Location Theories[J]. *Journal of Economic Geography*, (2), pp. 372 – 406.

[148] Reis, Ana B. and Tiago, N. Sequeira, 2007, Human Capital and Overinvestment in R&D [J]. *Scandinavian Journal of Economics*, (109), pp. 573 – 591.

[149] Rodriguez, F., Sachs, J. D., 1999, Why do Resource – abundant Economies Grow more Slowly? [J]. *Journal Economic Growth*, (4), pp. 277 – 303.

[150] Rodríguez – Pose, Andrés and Javier Sánchez – Reaza, 2003, Economic Polarization through Trade: Trade Liberalization and Regional Growth in Mexico [J]. UNU/WIDER Discussion Paper, No. 60.

[151] Romer, P. M., 1986, Increasing Return and Long – run Growth [J]. *Journal of Political Economy*, (94), pp. 1002 – 1037.

[152] Roodman, D., 2009, How to Do X Tabond 2: An Introduction to Difference and System GMM in Stata [J]. *The Stata Journal*, Vol. 1, pp. 86 – 136.

[153] Sachs, J. D., Warner, A. M., 1995, Natural Resource Abundance and Economic Growth [J]. NBER Working Paper, No. 5398.

[154] Sachs, J. D. , Warner, A. M. , 1997b, Sources of Slow Growth in African Economies [J]. *Africa Economies* , 6(3), pp. 335 – 376.

[155] Sachs, J. D. , Warner, A. M. , 1997c, Fundamental Sources of Long – run Growth [J]. *America Economic Review*, 87(2), pp. 184 – 188.

[156] Sachs, J. D. , Warner, A. M. , 1999a, The big Push, Natural Resource Booms and Growth [J]. *Journal Development Economic*, (59), pp. 43 – 76.

[157] Sachs, J. D. , Warner, A. M. , 2000, Globalization and International Competitiveness: Some Broad Lessons of the Past Decade [R]. *The Global Competitiveness Report* 2000. Oxford University Press, New York.

[158] Sachs, J. D. , Warner, A. M. , 2001, The Curse of Natural Resources [J]. *European Economic Review*, (45), pp. 827 – 838.

[159] Sala – i – martin, X. , 1997, I Just Ran two Million Regressions [J]. *America Economic Review*, 87 (2), pp. 178 – 183.

[160] Sala – i – martin, X. , Doppelhofer, G. , Miller, R. I. , 2004, Determinants of Long – term Growth: A Bayesian Averaging of Classical Estimates (BACE) Approach [J]. *America Econnomic Review*, 94 (4), pp. 813 – 835.

[161] Sala – i – Martin, X. and Subramanian, 2003, Addressing the Natural Resource Curse: An illustration from Nigeria [J]. NBER Working paper, No. 9804.

[162] Schmutzler, Armin, 1999, The New Economic Geography [J]. *Journal of Economic Surveys*, 13 (4), pp. 355 – 379.

[163] Stevens, P. , 2005, Resource Curse and How to Avoid It [J]. *Journal Energy Development*, 31 (1), pp. 1 – 20.

[164] Stijns, J – P. , 2005, Natural Resource Abundance and Economic Growth Revisited [J]. *Resource Policy*, (30), pp. 107 – 130.

[165] Surico, Paolo, 2001, Geographic Concentration and Lncreasing Returns: A Survey of Evidence [J]. Bocconi University Working Paper.

[166] Tamat, S. , Law, S. H. and J. Y. Yaghoob, 2012, Resource Curse: New Evidence on the Role of Institution [J] . MPRA Working Paper, No. 37206.

[167] Thompson, P., and Fox – Kean, M., 2005, Patent Citations and the Geography of Knowledge Spillovers: A Reassessment [J]. *American Economic Review*, 95 (1), pp. 450 – 460.

[168] Torvik, R., 2001, Learning by Doing and the Dutch Disease [J]. *European Economic Review*, (45), pp. 285 – 306.

[169] Van Der Ploeg, F. and S. Poelhekke, 2010, The Pungent Smell of the "Red Herrings": Subsoil Assets, Rents, Volatility and the Resource Cursep [J]. *Journal of Environmental Economics and Management*, Vol. 60, No. 1, pp. 44 – 55.

[170] W. Brian Arthur, 1989, Competing Technologies, Increasing Returns, and Lock – in by Historical Events [J]. *The Economic Journal*, 99 (394), pp. 116 – 131.

[171] Wan, Guanghua, Ming Lu and Zhao Chen, 2004, Globalization and Regional Income Inequality in China [J]. UNU/WIDER Working Paper.

[172] Weitzman, M. L., 1990, *Net National Product for an Exhaustible Resource Economy* [M]. JAI Press, Greenwich, pp. 187 – 199.

[173] Wheeler, D., 1984, Sources of Stagnation in Sub – Saharan Africa [J]. World Dev, 12 (1), pp. 1 – 23.

[174] Whitney, K. Newey and Kenneth D. West, 1987, A Simple Positive Semi – definite Heteroskedasticity and Autocorrelation Consistent Covariance Matrix [J]. *Econometrica*, (55), pp. 703 – 708.

[175] Wright, G., Czelusta, J., 2007, Resource – based Growth Past and Present. In: Lederman, D., Maloney, W. F. (eds.) Natural Resources: Neither Curse nor Destiny [M]. The World Bank, Washington, pp. 183 – 211.

后　记

　　本书是在我的博士学位论文基础上修改出版的，虽然已经毕业一年有余了，回首博士学习、小论文的发表以及毕业论文的选题、构思的过程，仍是津津有味。三年半的博士阶段学习是我人生最宝贵的财富之一，为我在高校工作的开始时就顺利地取得国家自科基金奠定了基础。

　　在本书付梓之际，感慨万千，学习和工作中的兴奋、激动、高兴、茫然、失望、郁闷原来只是一种瞬间的体会和历练。可现在，我仍然急切地想要把我的敬意和赞美献给我的导师陈仲常教授。我在博士阶段不是您的优秀学生，而您是我最尊敬的老师之一。在博士学习期间，我接受了全新的思想观念，领会了基本的思考方式，从论文题目的选定到论文写作的指导，您悉心的点拨，领悟颇丰。感谢您对我的教诲！还要感谢给我授课的张宗益老师、刘星老师、龙勇老师、蒲勇健老师、曹国华老师、张荣老师、熊中楷老师和陈迅老师。在论文开题中，感谢刘渝琳老师对本论文写作提出的宝贵建议。

　　在学习、工作和生活中，感谢我的妻子李冬梅给予我无私的照顾和宽容及理解！感谢我的父母，感谢我的岳父、岳母，祝他们身体永远健康，生活幸福！还要特别感谢昆明理工大学管理与经济学院文淑惠教授为本书的出版提供的便利与支持，感谢中国社会科学出版社卢小生老师高度负责的态度与辛勤的编辑工作，使得本书能够如期出版。

作　者

2014 年 10 月